# LA
# SCULPTURE
## AU SALON DE 1875

PAR

## HENRY JOUIN

ATTACHÉ A LA DIRECTION DES BEAUX-ARTS

> Y a-t-il quelque inconséquence à professer
> que Michel-Ange a pu mettre dans chacune
> de ses statues autant de pensées qu'il en
> condense dans un sonnet?
>
> Eugène GUILLAUME.

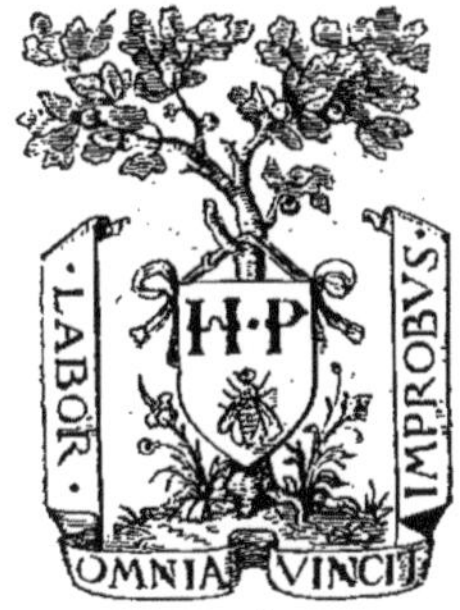



PARIS

E. PLON ET Cie, IMPRIMEURS-ÉDITEURS

RUE GARANCIÈRE, 10

—

1876

*Tous droits réservés*

LA

# SCULPTURE

## AU SALON DE 1875

---

## DU MÊME AUTEUR :

**La Sculpture au Salon de 1873**, précédée d'une Étude sur *l'OEuvre sculptée*, grand in-8º. — 2 fr.

**La Sculpture au Salon de 1874**, précédée d'une Étude sur *le Marbre*, grand in-8º. — 2 fr.

---

PARIS. TYPOGRAPHIE DE E. PLON ET Cⁱᵉ, RUE GARANCIÈRE, 8.

# LA
# SCULPTURE
## AU SALON DE 1875

PAR

### HENRY JOUIN

ATTACHÉ A LA DIRECTION DES BEAUX-ARTS



> Y a-t-il quelque inconséquence à professer
> que Michel-Ange a pu mettre dans chacune
> de ses statues autant de pensées qu'il en
> condense dans un sonnet?
>
> Eugène GUILLAUME.

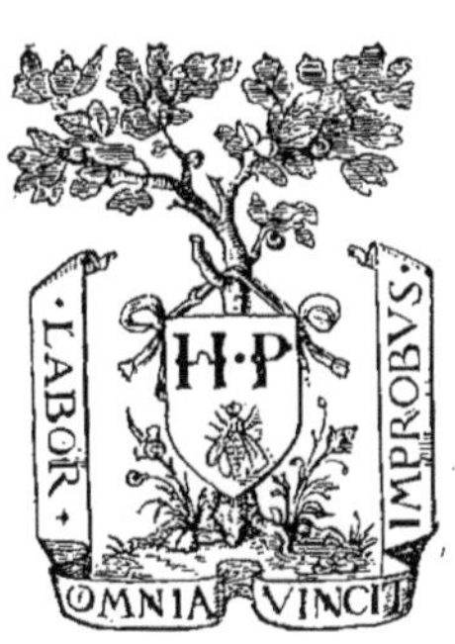




## PARIS

E. PLON ET C^ie, IMPRIMEURS-ÉDITEURS

RUE GARANCIÈRE, 10

—

**1876**

*Tous droits réservés*

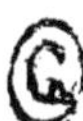

Que le vrai sens d'un mot soit altéré dans la langue usuelle, nous n'en sommes pas surpris. Que les hommes d'une époque où l'éloge tient moins de place que le blâme dans le vocabulaire de la critique aient préféré l'acception vulgaire à l'acception noble d'un même terme, cela devait être. Mais l'erreur n'a rien de stable. A une génération, à une école qui n'a pas su dominer le courant fatal succède une phalange de jeunes hommes épris d'idéal, de vertu, de grandes œuvres. Alors, la parole qui n'est qu'un vêtement reçoit sa part du rajeunissement de l'idée. Les mots reparaissent à la surface de la langue écrite ou parlée, avec leur transparence et leur intégrité ; on dirait l'écorce du liége que la main tient un instant au fond du vase, mais que son propre poids ne peut submerger.

Nous avons foi dans le réveil.

Nous n'écrivons pas tant pour les artistes d'hier que pour ceux de demain. Voilà pourquoi nous voulons donner à chaque mot son vrai sens.

Pour nous, le procédé, c'est la méthode.

II

Est-il opportun d'aborder un pareil sujet? Ou nous écrivons pour les hommes médiocres, et toutes les méthodes n'ajouteront rien au vide de leur pensée, ou nous souhaitons d'être lus par des artistes capables, et seule l'inspiration sera leur guide.

C'est une erreur.

Il n'y a point d'art sans méthode. Quel a été le premier des arts dans l'ordre du temps? L'éloquence. Le jour où le besoin de la persuasion s'est fait sentir dans un cœur d'homme, la parole s'est assouplie, rhythmée. Le geste et l'attitude ont complété le verbe. La passion a dit à l'âme de se répandre. L'éloquence était née.

Or, un orateur célèbre, Cicéron, a posé cette loi : « *Ut ratione procedat oratio* », il importe que le discours procède d'une méthode. Si donc l'orateur qui est à lui-même son foyer, son champ d'action, lui qui crée, si j'ose dire, la matière dont il se sert, ne peut se passer d'une méthode, quelle ne serait pas la ridicule prétention de l'artiste qui voudrait s'affranchir de toute règle !

Comment définir les arts du dessin ?

— Une représentation dans l'espace.

Quel doit être l'objet de la sculpture ?

— L'expression d'une idée par la forme.

Quelle est la matière mise en œuvre ?

— L'argile.

Le statuaire, moins favorisé que l'orateur qui agit dans la durée, pose son travail dans l'espace. Il fait appel à la forme, il doit pétrir l'argile avant d'avoir parlé sa pensée.

L'argile, c'est-à-dire une parcelle de ce sol pesant et rugueux sur lequel nous marchons, un peu de poussière détachée du globe dont le Créateur a fait la base de la nature physique.

C'est en méditant sur l'union intime de la matière avec la pensée, sur la transfusion de vie qui constitue le travail du statuaire en présence d'une terre incolore, froide, rebelle, qu'Ottfried Muller appelle l'art « une seconde nature ».

Si la définition du savant critique de Gœttingue peut

être acceptée, la nécessité d'une méthode s'impose à l'esprit.

En effet, la nature est essentiellement ordonnée. Des lois inflexibles et nombreuses la régissent. Dieu, l'artiste souverain, étant lui-même l'ordre infini, a créé toutes choses dans l'ordre.

A la nature renouvelée, à cette création quotidienne qui fait de l'homme l'imitateur de Dieu, à l'art du statuaire, il faut un procédé, une méthode, un chemin connu, droit et sûr, qui porte l'artiste jusqu'aux sommets de l'idéal.

### III

Quelles sont les facultés que le statuaire doit subordonner au procédé?

Son intelligence, sa volonté, son activité. En d'autres termes, l'âme et le corps de l'artiste ne pourront créer dans la plénitude de leur force si le frein d'une méthode ne leur est imposé.

C'est l'intelligence qui perçoit le beau et la volonté qui le sent. De la connaissance du beau et de l'émotion esthétique jaillit, comme d'un double fluide, une pensée.

Toute pensée de sculpteur est relief. Toute pensée de peintre est lumière.

La vibration prolongée de l'intelligence et de la volonté communique un ébranlement salutaire à l'être tout entier. La soif de l'expression met en mouvement son activité. L'œuvre qui va sortir de ses mains lui apparaît sous une forme indécise. N'importe. Il se sent possédé du besoin d'agir. Il souffre du mal divin qui a fait

Dante et Phidias. Cette fièvre, ce terrible et doux labeur durera jusqu'à l'heure où l'idée pressentie aura reçu son équation dans une forme typique.

Telle est la période pendant laquelle le statuaire doit agir conformément à des règles posées.

Et quels ont été les législateurs ?

— Le goût, l'expérience et le génie.

Mais l'artiste exécute un double travail. La méthode, elle aussi, sera double. Nous distinguerons entre le procédé de l'esprit et celui de la main.

## IV

Toute pensée qui se présente à l'esprit n'est pas un sujet.

Ne sait-on pas que la sculpture n'est pas libre d'inventer une forme ? Imaginez un hippogriffe étrange. Remplacez le cheval ailé par le corps d'un reptile, la tête de griffon par celle d'un léopard, vous aurez produit je ne sais quel monstre. Hoffmann va le décrire, Callot et Gavarni en laisseront le dessin : aucun sculpteur ne pourra le modeler.

Dantan jeune, qui s'est aventuré jusqu'aux frontières du grotesque, — et dont les œuvres sont oubliées, — n'a pas cru possible de créer une forme.

Si donc une pensée bizarre a traversé l'esprit du sculpteur, qu'il la repousse.

D'autre part, son art, le plus élevé parmi les arts du dessin, doit être l'expression d'un peuple.

Toute œuvre sculptée est un témoin.

Que ce soit un témoin de l'idée vivante, des faits

gardés par l'histoire, des croyances pratiquées, des mœurs, des coutumes, de la poésie; il faut que l'œuvre sculptée résume, sous un certain aspect, le génie d'une nation.

A d'autres arts, moins bien partagés sur un champ plus vaste, le droit de s'attarder à l'épisode, au genre, à la fantaisie. Le statuaire est né pour des destins plus hauts.

Il ne crée pas la forme. Son œuvre doit exprimer une idée nationale. Voilà tout d'abord deux principes dont la lumière ne vacille pas.

Donc, si mon intelligence a nommé le beau, la forme humaine pourra-t-elle vêtir ma pensée? Statue, parlera-t-elle à mes contemporains?

V

Établissons d'abord que l'œuvre d'art n'existe pas en dehors de l'unité. L'essentielle condition de son éloquence sera donc la direction précise de tous les éléments qui la constituent vers un même terme. Que le geste ne contredise pas l'attitude, le sourire des lèvres la sévérité de la draperie, l'âge du modèle l'action qui l'occupe.

On ne parle pas deux langues à la fois.

Certains artistes veulent trop dire. A les entendre, le moindre cheveu d'une figure a son langage, sa signification nécessaire. C'est aller trop loin sur le chemin d'une noble ambition. Sans doute, les *Niobides* et *Laocoon* sont de la douleur faite marbre, mais encore que la torture de ces illustres lutteurs soit répandue sur leur

corps tout entier, il ne serait pas malaisé de signaler cer-
taines fractions de l'épiderme qui sont à l'état de repos.
Les plans agrandis, le silence des accessoires laissent
dominer le cri des victimes.

## VI

Ce n'est pas tout. L'unité d'un sujet ne dépend pas
seulement de la façon dont on l'envisage dans son principe. Qu'il y ait accord entre les parties d'une composition ; que celles-ci soient fondues ensemble, cela va de
soi. Mais, trop souvent, l'artiste irréfléchi ne sait pas
maintenir son œuvre dans un même ordre de pensées.
Un statuaire a-t-il à représenter quelque héros du
moyen âge ? on le voit dépouiller les chartes, réunir
des estampes, consulter les archéologues.

Que cherche-t-il ? Un trait de caractère, des éléments
de ressemblance physique ?

Rien de tout cela.

C'est le costume qui le préoccupe. Il veut être vrai
jusqu'au plus humble détail. Il a compté les mailles et
les agrafes. Ne lui dites pas que la cuirasse est trop
lourde, le brassard sans beauté, il vous opposerait les
enluminures d'un manuscrit !

Trop de science peut nuire à l'art. L'érudition
l'étouffe.

Votre sujet relève-t-il des faits ? que le personnage soit
en mouvement. Est-ce un penseur que vous voulez modeler ? que le corps soit immobile et comme subjugué.
Sur l'image d'un soldat, jetez un manteau d'héroïsme ;
sur le visage d'un saint, que je sente vivre une âme

immolée ; sur les lèvres d'une mère, dans les caresses de l'enfant, sachez écrire la douce puissance de l'amour.

Et ainsi, votre œuvre n'aura pas violé la loi de l'unité.

Que me fait cette couleur locale dont vous prenez tant de souci ?

Vous voulez être vrai ? Consultez l'âme et consultez le peuple.

Consultez l'âme de votre modèle. Écoutez ce qu'elle dit. N'essáyez pas de couvrir sa voix par le cliquetis des détails. Que la matière apaisée, docile, presque tremblante, rende l'accent d'une passion sincère.

Et maintenant, consultez le peuple.

Votre œuvre sera-t-elle populaire? Assurément, si votre marbre est l'expression d'un principe religieux, d'un fait historique, d'une pensée morale universellement connus et appréciés.


## VII


Essayons de définir les sources auxquelles l'artiste devra recourir, afin que l'œuvre qu'il va sculpter soit une expression nationale.

Les théogonies d'Athènes et de Rome nous laissent sans émotion. C'en est donc fait de Jupiter, de Mercure, de Minerve, en tant que divinités ?

Ces personnages sont-ils à jamais bannis du domaine de la statuaire?

Non, sans doute, mais l'intérêt qu'ils éveillent s'est déplacé. Ce n'est plus l'idée religieuse qui se dégage de leurs effigies, ce peut être une pensée morale. Jupiter a cessé de gouverner l'Olympe, depuis que l'Olympe est

désert ; Mercure est dépossédé de son divin patronage
sur le commerce ; Minerve ne couvre plus l'Acropole de
son égide protectrice. Mais que Jupiter, et Mercure, et
Minerve, sous le ciseau d'un grand artiste de ce temps,
deviennent la triple allégorie du commandement, de
l'adresse et de la prudence, son œuvre sera pour nous
une expression nationale, parce que la société moderne,
qui a rejeté loin d'elle la légende mythologique, a gardé,
en l'élevant, la notion du commandement, de l'adresse
et de la prudence.

On le voit, les dieux païens ne sont d'aucun secours
à l'art plastique chez les modernes. Si l'image de Minerve
ne peut être une expression pour nous qu'autant qu'elle
aura été parée des attributs de la prudence, nul doute
que l'effigie d'une jeune femme, revêtue du même caractère, eût offert un égal intérêt. En un mot, les dieux de
la fable n'ont de mérite à nos yeux que par ce qu'ils
disent. Le rang qu'ils occupèrent sous le règne de
croyances évanouies n'est rien pour nous.

Le statuaire devra donc méditer sur l'idée actuelle
que peut exprimer son marbre, s'il veut emprunter son
sujet à l'histoire des dieux.

Entre la fable et le christianisme, un abîme est béant.
Le vieux monde s'y est englouti ; le monde moderne y a
son point de départ. Une ère nouvelle, qui est notre ère,
date de l'heure fameuse où le culte antique s'est brisé
contre l'Évangile. La religion de Jésus-Christ étant la
condamnation des vices honorés par un peuple sensuel,
aucun lien religieux ne rattache la société moderne à
l'antiquité.

L'art religieux, pour nous, c'est l'art chrétien.

## VIII

Si nous passons du domaine des croyances sur celui
de l'histoire, il nous semble que la distance entre les
deux mondes est moins grande, la rupture moins complète. Les guerres, les séditions, les traits d'héroïsme de
l'antiquité ne se trouvent pas démentis par notre histoire
nationale. Ce sont bien les mêmes fautes et les mêmes
vertus. Toutefois, chez les peuples modernes éclairés par
des enseignements que les Grecs n'ont pas connus, les
fautes sont moins irrémédiables, les vertus multiplient le
dévouement et l'oubli de soi.

Au point de vue de la statuaire, le patriotisme de
Léonidas exprimera donc une idée actuelle. Le champ
s'agrandit. Glanez à travers les annales de toutes les
nations. Comptez les noms illustres, les guerriers, les
patriotes; les hommes d'éloquence, les sages, les artistes,
les poëtes, les libérateurs. Étudiez-les dans l'œuvre de
leur vie. La mine est inépuisable. C'est là que le sculpteur peut creuser sans relâche.

On a toujours foi dans ses aïeux.

Tous ceux qui ont lutté pour l'indépendance d'une
patrie sont nos aïeux. Que la statuaire ose donc. Elle
sera, dans l'interprétation large et puissante des grandes
figures historiques, une expression vraiment nationale.

## IX

Après l'image généralisée de l'action, l'allégorie du
sentiment. L'homme, être intelligent et libre, est en pré-

sence d'une loi morale. Nous entrons sur le domaine des passions.

Qui voudrait les énumérer?

Aux passions fondamentales, qui tantôt se heurtent et tantôt suivent des voies parallèles, s'ajoutent les passions secondaires. Toutes sollicitent la volonté.

Celles que la volonté doit combattre et refouler dans le silence n'appartiennent pas au sculpteur.

Les passions nobles, honnêtes, généreuses, réclament son ciseau.

Parfois, leur fil compliqué se révèle à lui sur les traits de l'homme dont il va sculpter l'image. A l'effigie corporelle s'ajoute un reflet du cœur.

Parfois, c'est la passion elle-même que l'artiste veut nommer. Il appelle à lui l'Espérance, la Douleur, la Colère, l'Amour, et le marbre frémit de l'entaille où l'âme vient respirer. Alors surgit sous la coupole de nos édifices l'allégorie des passions personnelles, tandis que l'image grandiose des passions sociales fait retentir la pierre des frontons.

Telle est l'infinie variété des penchants et des affections humaines, qu'ils offrent à l'artiste, dans les mêmes proportions que l'histoire, un champ d'études en apparence sans limites. Et chacun de nous s'étant mesuré cent fois avec sa passion, si le marbre est éloquent, s'il est vrai, avec quel empressement nous saurons louer la justesse et l'actualité de l'expression!

## X

Vous avez choisi votre sujet. C'est à la clarté de l'idée qu'il vous est apparu. Vous voulez qu'il soit doué de vie.

L'ayant envisagé dans ses grandes lignes, l'ordre de pensées auquel il se rattache vous demeure présent à l'esprit. L'art religieux, l'art historique, l'art allégorique se déroulent devant vous comme des mondes distincts' dont les frontières doivent être respectées. A l'exemple de Michel-Ange, vous voulez que votre œuvre soit le signe sensible de pensées fécondes et nombreuses.

XI

Voici l'heure de l'amour. Fuyez le bruit. Caressez longuement l'idée plastique dont vous êtes possédé. Qu'elle ne soit éclipsée par nulle autre dans vos préférences.

Créer, c'est le grand travail, c'est l'œuvre de Dieu.

Votre esprit est ensoleillé, votre volonté rayonne, vous marchez dans la lumière. Imitateur de Dieu, ne voudrez-vous pas créer à votre ressemblance? Transfiguré sous l'éclair du génie, ne vous laissez pas distraire de votre rêve. Que l'ange de l'inspiration vous couvre de son aile. Respirez cet air pur des sphères élevées. Commandez à la poussière humaine de ne pas voler jusqu'à vous. Arrière ce qui est caduc et chancelant.

Le marbre veut être immortel.

Émondez votre inspiration de tout élément périssable. Que l'idée généreuse qui va prendre forme dans l'argile porte un enseignement. Les partis, les écoles, les systèmes, qu'est-ce que tout cela, sinon des ruines confuses devant l'œil pénétrant de l'artiste qui s'est épris du sublime? Il puise à des sources mystérieuses, insondables. Il lui semble que son œuvre grandit. Elle parle.

Ses hautes leçons participent du divin et rappellent, dans une langue qui n'a rien de terrestre, quelque caractère de la divinité, d'une patrie, de la passion.

Soulevé par l'énergie véhémente de l'enthousiasme, l'artiste entre en pleine possession de sa pensée. Il en marque l'accent, il en mesure la portée morale. Il a dit à sa volonté de ne pas défaillir. Ses doigts cherchent l'argile.

## XII

Ici commence le procédé de la main.

Le statuaire étant tenu de parler à l'aide de la forme, ce n'est pas assez que son sujet relève de l'idée, il faut qu'il soit sculptural.

L'artiste prend un peu de terre, il rend sa pâte flexible en l'humectant, et il pétrit une maquette.

La maquette n'est pas œuvre d'art. C'est un relief sur l'idée.

L'écrivain jette le titre de son livre. C'est sa première note. Le peintre trace un contour. Le sculpteur fait une maquette.

Silhouette sans correction, ébauche presque informe, la maquette indique le mouvement, l'inflexion dominante de l'œuvre pensée. L'idée mère est clairement écrite, et c'est tout.

L'œil exercé de l'artiste fait abstraction des aspérités. La ligne ébauchée parle à son esprit aussi bien qu'un profil pur.

— Révélation douloureuse! sa statue sera sans beauté!

L'attitude n'a point de grâce, le geste exige que la

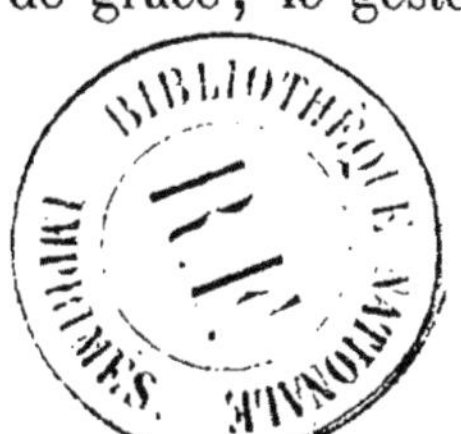

figure soit observée d'un seul point. Si le spectateur se déplace, tantôt c'est le visage qu'il cesse de voir, tantôt l'œuvre tout entière paraît manquer d'aplomb.

Que fera le sculpteur?

Sans rien changer à sa maquette, il en ébauche une nouvelle. Cette fois, de notables variantes apportées à la première esquisse ont fait disparaître plus d'un défaut, mais le geste demeure. Ou la tête sera sacrifiée lorsqu'on se placera d'un certain côté, ou le mouvement du bras doit être modifié.

Quelle est l'issue?

Étudier de nouveau la portée du geste.

Cherchez si le bras, plus contenu, ne rendrait pas avec la même clarté l'idée que traduit son mouvement actuel. Il y a place pour une troisième ébauche.

C'en est fait : il vous faut maintenir au geste son ampleur. Le comprimer, ce serait amoindrir l'idée.

Soit.

Votre sujet est sculptural, mais il ne vous apparaît vraiment beau que sous un seul aspect. Que conclure, sinon que la statue ne peut lui convenir, et qu'il faut le modeler en bas-relief?

N'essayez pas de transiger.

Toute loi s'impose.

Or, la loi primordiale en sculpture est que la statue doit être vue sous tous ses aspects.

Mais l'art du statuaire est inépuisable dans ses moyens d'expression. Le bas-relief fait l'artiste maître du point de vue. Il rend immobile le spectateur ignorant ou distrait. Il lui précise, si j'ose dire, le lieu de son observation, et, à ce titre, le bas-relief est plus instructif

que la statue. Il apprend à bien voir en limitant le champ
de la vision. Le bas-relief n'est donc point un genre
amoindri, et l'artiste dont l'idée serait mal traduite dans
un marbre isolé doit sans crainte en fixer l'image dans
un bas-relief.

Il est rare qu'un bas-relief soit mal jugé. La statue, au
contraire, exige une sagacité plus grande dans l'examen.

## XIII

Pline raconte que ce fut Lysistrate de Sicyone, frère
de Lysippe, qui le premier imagina de faire un modèle,
et cette idée eut tant de vogue, ajoute l'historien, qu'on
ne fit plus ni figure ni statue sans un modèle en argile [1].

Nous savons, en effet, que les Grecs se sont souvent
dispensés de modeler en argile avant de sculpter le marbre. Les modernes, si l'on excepte Michel-Ange, n'ont
pas eu la même présomption.

Le sujet mûrement étudié, l'esquisse arrêtée, l'artiste
passe au modèle.

Ce ne sont plus les proportions restreintes de la maquette qui doivent lui suffire.

Si l'ouvrage qu'il veut sculpter n'excède pas les
dimensions d'un corps d'homme, le modèle sera de
grandeur naturelle. Si l'artiste prépare une œuvre colos-
sale, il réduira du tiers ou de la moitié son premier
travail.

Ici, le sculpteur doit procéder avec une juste défiance
de soi-même.

Il choisira l'argile dont la pâte lui aura paru la plus

[1] PLINE, cap. XXXV.

douce; l'ayant pétrie, il la battra pour s'assurer qu'elle ne contient aucun gravier. Puis, le *noyau* solidement établi sur sa *selle,* il dispose la terre autour de l'armature. C'est tout d'abord une masse sans forme. Une silhouette lui succède. Le sujet se dessine.

Si la figure modelée doit porter le costume moderne ou même une simple draperie, le statuaire la fera nue.

C'est à ce prix qu'il peut être vrai.

L'étude des dessous de chair est nécessaire au sculpteur, mais l'exacte connaissance du nu lui est indispensable. Pendant qu'il travaille l'argile de ses doigts fiévreux, usant peu de l'ébauchoir, encore moins de l'échoppe, l'artiste suit amoureusement les ondulations de la forme. Sous le galbe d'une chair vivante, il a soin d'indiquer sans affectation le jeu complexe des muscles.

Il ne laisse rien au hasard.

Tout ce qu'il sait, il l'applique. Ses observations personnelles sur l'attitude, le geste, le mouvement, lui reviennent à l'esprit. L'œil subtil, l'âme aimantée vers un idéal qu'il sent planer au-dessus de lui, la science et l'art se fondent dans sa main dont la puissance est doublée. Sur chaque point de l'ébauche, l'idée vient transparaître. Et pendant de longs jours il poursuit sa tâche grandiose et pénible.


## XIV


Chaque soir, à l'heure où le soleil décline, on le voit tremper dans un vase une touffe de genêt. Avec le geste du semeur sur les sillons, il fait le tour de sa statue. On dirait que l'argile, en lutte avec l'idée, réclame un peu de fraîcheur. Quand la rosée se condense en perles sur le front gris du colosse, le sculpteur l'enveloppe de bandelettes.

## XV

Si les écrivains de l'antiquité mentionnent l'importance de l'œuvre modelée précédant le marbre, nulle part, — c'est Ottfried Müller qui en fait la remarque, — il n'est question de modèles d'hommes.

Les jeux publics suffisaient au statuaire.

Là, de perpétuels exemples de souplesse et de force s'offraient à lui. Quoi de plus propice à l'étude du mouvement que ces luttes dans lesquelles l'athlète athénien se sentait stimulé par l'adresse de vingt rivaux? L'aisance du geste et de la pose s'ajoutait à la beauté des formes.

Il est pourtant inadmissible que les sculpteurs grecs se soient dispensés de consulter un modèle pendant le travail de l'argile. Des commentateurs de Cicéron, pour n'avoir pas saisi le sens juste d'un mot, ont prétendu que Phidias avait modelé de mémoire les figures de Minerve et de Jupiter.

Cela ne peut être.

## XVI

Mais, si utile que soit la présence du modèle auprès du sculpteur, il faut bien se défendre d'en exagérer l'importance.

Le modèle est le point de repère de la vie.

L'anatomie, l'ostéologie, la science des muscles, s'acquièrent par l'expérience de la mort. Un scalpel est à la

base de ces sortes d'études. L'artiste a pratiqué la dis-
section. Il a compté les rouages des attaches, mesuré ces
leviers qui sont les os d'un corps d'homme, analysé
ces fibres irritables dont les contractions produisent nos
mouvements; mais lorsque l'œil du statuaire s'est instruit
de toutes ces choses, l'invisible moteur était inerte.

L'âme avait disparu. Le cadavre gisait.

Et c'est avec le secours de ces seuls fragments que
l'artiste doit apprendre la vie! Nul doute qu'une science
exacte, mais froide, soit l'unique résultat de pareilles
recherches.

Le modèle vient se poser à la droite du statuaire. Il se
tient immobile, muet. Il sait que son rôle est humble.
Ce n'est pas lui qui inspire, il règle. Il n'excite pas, il
modère. Le génie ne lui dit point: « Sculptons ensemble »,
mais : « Sois ma limite. »


## XVII


La tâche de l'artiste est complexe. L'âme et l'argile
veulent être pétries de la même main. Quand l'artiste
prend son vol, quand il évoque une haute pensée, lorsqu'il appelle à lui la vertu, l'intelligence, le divin, alors
son modèle n'est plus rien. Pour une heure, c'est la
lumière qu'il essaye de concentrer dans sa terre ou sur sa
toile. Il est aux prises avec l'inspiration, et toute langue
humaine est impuissante à le distraire.

Un jour, Hippolyte Flandrin cherchait à composer un
*Christ portant sa croix*. Il avait entrevu dans sa pensée
d'artiste et de chrétien l'attitude douloureuse du Sauveur
fléchissant sous le bois du Golgotha. Le mouvement de la

tête devait indiquer la douce résignation du condamné. Son regard limpide et lumineux fixait la cime du Calvaire. Le corps était brisé. Les genoux ployaient. Le bras n'avait plus d'énergie, la main s'était ouverte. Un accablement général laissait pressentir que la victime allait s'affaisser. Flandrin prit un modèle et tenta de le poser, mais au bout de quelques minutes il s'aperçut qu'il cherchait l'âme où elle ne saurait être. Appelant son frère, il lui demanda de prendre un crayon, et lui-même posa, dans son expression d'amour et de torture, le *Christ* qu'il avait rêvé.

Le modèle vivant n'a point d'âme. Il est la forme, il est le réel. Dans ses proportions visibles est circonscrite l'œuvre du statuaire, mais non son action.

## XVIII

L'argile est modelée. Le statuaire l'entoure d'un voile, et pendant une semaine il s'en éloigne.

Pourquoi?

Parce que son regard a trop longtemps caressé cette œuvre de son choix.

Un père se prend à aimer jusqu'aux caprices de son enfant.

Le statuaire doit craindre que son œuvre ne soit pas sans défaut. Un ami serait-il bon juge? N'appelons personne. Ce n'est pas l'heure.

Quelques jours passés dans l'étude d'un autre sujet rendront à l'esprit son impartialité, à l'œil sa sévère précision.

## XIX

J'ai dit pourquoi le marbre devait être la matière
préférée du sculpteur [1].

L'artiste, lorsqu'il travaillait la glaise, avait devant
les yeux le modèle vivant. Maintenant, c'est un moulage
relevé sur l'argile qui va prendre la place du modèle.

Le marbre est épannelé. Le praticien s'en approche
et procède à la mise aux points.

## XX

Le praticien peut être un sculpteur de mérite. Le
renom d'un maître l'a fasciné, il lui demeure fidèle. Pour
peu que son inspiration personnelle ne résiste pas aux
commandements de sa volonté, on le voit employer ses
jours à traduire des œuvres plastiques qu'il n'a pas
modelées.

Parfois cette existence laborieuse, enveloppée d'ombre,
est trop lourde à porter.

Le praticien se relève.

Il a besoin de penser et de se sentir vivre. Il laisse
inachevées ces figures qu'il avait ordre de tirer du bloc.
Le ciseau fait place à l'ébauchoir; la terre succède au
marbre; l'artisan devient artiste. Et si quelque passant
demande à cet audacieux ce qu'il compte faire et quel
est son nom, l'homme se retourne et dit :

« Je m'appelle Pierre Puget! »

C'est l'exception.

[1] *La Sculpture au Salon de 1874.*

On sait qu'un certain nombre de praticiens habiles
ont secondé Canova. Plusieurs répétitions de ses statues,
acceptées comme sorties de ses mains, sont le travail
de ses auxiliaires.

L'illusion n'eût pas été possible s'il se fût agi des œuvres d'un penseur. Canova, sculpteur maniéré, a pu ne
rien perdre à ces reproductions faites de main d'ouvrier;
un artiste philosophe y eût perdu son caractère et sa
puissance.

Ce n'est pas que Canova n'eût été lui-même très-
capable de suppléer à la science de ses praticiens.
« Défiez-vous du séduisant travailleur de marbre »,
disait en parlant de lui le peintre Louis David lorsqu'il prenait congé de ses élèves à leur départ pour
l'Italie. Le travailleur de marbre! Ne semble-t-il pas que
Louis David n'ait vu dans le sculpteur des *Trois Grâces*
qu'un habile praticien?

Quoi qu'il en soit, ce que Canova s'est dispensé de
faire par indifférence, d'autres n'osent pas l'essayer par
timidité. Il existe des sculpteurs que le marbre effraye.

Duret fut de ceux-là.

Sa statue de la *Tragédie* et celle de *Rachel* permettent
de juger à quel péril est exposé le statuaire incapable
de traiter son marbre. Une erreur de praticien n'a pu
être réparée par Duret dans sa figure de la *Tragédie*.
*Rachel* n'est qu'une ébauche avancée. Et encore qu'on
puisse alléguer que la mort ait surpris l'artiste en l'em-
pêchant de finir sa statue, l'éloignement bien connu de
Duret à l'endroit du marbre nous permet de penser
qu'avec de plus longs jours il n'eût pas sensiblement
modifié son œuvre.

## XXI

Quiconque méprise le marbre n'est pas sculpteur.

L'argile autorise les retouches de toute sorte. Le modeleur la pétrit au gré de sa pensée. Son travail, en un certain sens, diffère peu de celui du peintre. Il colore de lumière en refoulant la glaise qu'il sait rendre lisse. L'ombre accourt docile à son appel entre des saillies qu'une idée soudaine lui conseille d'accentuer.

Le marbre veut un ciseau résolu.

Libre de creuser au plus profond de la pierre, le sculpteur n'est pas maître d'atténuer ensuite la trace de l'outil.

Il enlève, il n'ajoute jamais.

Faut-il plaindre le praticien d'être enserré dans de telles limites? Non; la tâche de l'ouvrier n'exige point une plus grande liberté. Ce n'est pas lui qui chante, il écrit. Le poëme est l'œuvre du statuaire, le praticien n'en saisit que la syntaxe. Artiste aux ailes repliées, parfois il lui arrive d'effleurer le Beau; il ne sait ni l'étreindre, ni le nommer.

## XXII

Le Beau est l'essence de l'art. C'est du marbre, avant tout, que doit jaillir sa fleur immatérielle. Or, c'est la main du statuaire, ce sont des doigts inspirés qui seuls imposeront silence à la rudesse de la pierre. C'est le sculpteur qui seul est capable d'adoucir sans émousser; seul il a le secret de l'idée, seul il peut limiter le carac-

tère, l'accent, la finesse, la vie à ce point de rencontre
du Beau idéal et du Beau plastique dont le magique em-
brassement impose à l'esprit.

Surprenez un maître devant son marbre. Alors que sa
statue paraît achevée, il en compte encore les défauts.
Il s'est éloigné de quelques pas, afin de mieux observer
l'ensemble de son travail. Silence! il revient vers sa
statue... Que va-t-il faire? Il n'a pas d'outil.

Où l'homme de pratique eût passé la râpe, le maître
va passer la paume de la main!

Ne vous demandez plus comment le marbre ainsi
caressé devient vivant. La râpe du praticien n'est qu'un
peu de fer : la main du maître, c'est le génie.


## XXIII


Nous avons analysé le procédé. Mais peut-être cette
méthode, si précise qu'elle soit dans le détail, n'est-elle
pas complète.

Quand nous avons traité de l'*œuvre sculptée* [1], nous
avons dit quel est l'enchaînement du Vrai, du Bien et
du Beau.

La logique ne permet pas qu'on l'oublie. Si l'art
émane réellement de ce triple foyer, l'artiste, lorsqu'il
procède à l'exécution de son travail, doit graviter autour
de ces centres, d'où lui viennent, avec la lumière, la
chaleur et la force.

Le statuaire, dans la recherche de l'idée, est mû par
le Bien.

C'est le procédé de l'esprit.

[1] *La Sculpture au Salon de 1873.*

L'esquisse est une note plastique. Le procédé de la main commence avec le modèle.

A quelles sources l'artiste a-t-il puisé pendant, qu'il modelait la glaise, si ce n'est aux sources du Vrai? Cet homme nu et debout à sa droite, que nous avons défini le point de repère de la vie, n'était-il pas le témoin de la vérité du geste, de l'attitude, des proportions?

Le statuaire est en face du marbre ébauché. Ce n'est plus le Bien qui l'occupe; depuis longtemps son œuvre est fondée sur le principe du Bien. La loi du Vrai, fidèlement obéie, lui a permis de créer à son image et à sa ressemblance. Une âme est descendue dans la pierre, elle donne à ses formes d'être vivantes. L'œuvre sculptée n'est-elle donc pas achevée?

Non.

Quelque chose d'impalpable doit l'envelopper encore, et le statuaire s'apprête à tisser ce vêtement.

Moins essentiel que l'idée, mais souvent plus visible; moins nécessaire que la science du modelé, mais plus goûté qu'aucun autre attribut, le Beau transforme, allége, fait resplendir la statue.

Il est le rayonnement, l'éclat invincible.

C'est le Beau qui, par une puissance inverse, fait croître le marbre, alors que le ciseau toujours retranche. L'homme n'a pas de formule qui précise le Beau, parce que l'immuable se dérobe à sa langue d'un jour. Mais depuis six mille ans on l'entend épeler ce mot divin, et nulle part, — si j'excepte la nature, qui est l'œuvre de Dieu, — le Beau n'est plus suave et plus saisissant que dans l'exquise convenance d'un marbre sculpté.

# LA SCULPTURE

## AU SALON DE 1875

---

I

Il y a progrès.

Le public s'est montré moins indifférent à l'endroit de la sculpture. La critique a traité cet art avec moins de partialité.

Peut-être n'est-ce pas encore une conversion. Si même nous jugeons de l'éloge par son étendue, il n'apparaît pas que la presse ait fait un retour sérieux vers la sculpture.

La presse est tout entière aux coloristes. Elle feint de ne pas connaître nos sculpteurs.

Aux peintres le festin, les miettes aux statuaires.

Toutefois, soyons juste. Devant le verdict du jury qui décernait la médaille d'honneur à une œuvre sculptée, la critique s'est émue.

C'est un succès.

Elle a parlé brièvement, mais on pouvait craindre son silence.

A nous qui tenons une plume, le devoir d'appeler sur le marbre l'attention du peuple distrait. Notre école de sculpture a le droit d'être populaire.

A nous de la faire aimer.

---

## II

M. Captier : *Hébé; Fantaisie.* — M. Pallez : *Ganymède.* — M. Cabuchet : le *Génie de l'Art.* — M. Bourgeois : la *Religion.* — M. Allouard : *Ponticus.* — M. Montagny : *Christ en croix.* — M. Thomas : *Christ en croix.* — M. Leharivel-Durocher : le *Capitaine A. du C...* — M. Pull. la *Céramique.* — M. Moreau-Vauthier : *Néréide.* — M. Flachéron : le *Miroir naturel.* — M. Hercule : *Daphnis.* — M. Vidal : *Grand Lion du Sénégal.* — M. Caïn : *Lions se disputant un sanglier.*

Depuis longtemps, le Salon de sculpture n'avait pas compté d'aussi nombreuses œuvres en marbre que cette année. Le marbre n'est pas seulement le dernier mot du statuaire, il donne encore la mesure de son travail. Nous voudrions pouvoir ajouter que les marbres exposés en 1875 portent tous l'empreinte du travail personnel de l'artiste. Par malheur, il n'en est pas ainsi. La main du praticien se trahit dans un certain nombre d'ouvrages qui n'eussent exigé que quelques semaines de retouches pour devenir des œuvres achevées. Quoi qu'il en soit, une somme considérable d'efforts laborieux est attestée par le Salon, et pour peu qu'un maître vînt à se révéler, nous aurions, en peu d'années, une école de sculpture à laquelle ne manqueraient ni l'influence, ni le mérite.

L'*Hébé* de M. Captier est une figure de jeune fille où nous ne trouvons rien à reprendre. Nous avions remarqué le modèle en plâtre de cette œuvre de choix, il y a deux ans. Le marbre que le statuaire expose aujourd'hui est de beaucoup supérieur au modèle. La déesse est debout, dans une attitude simple et digne, comme il sied à la fille

de Jupiter. Elle verse le nectar. Jeune, souple, sans
sécheresse dans les formes, très-pure de dessin, cette
statue fait grand honneur à l'artiste. Chacun sait qu'une
figure nue, debout et isolée, présente les plus grandes
difficultés. M. Captier, qui porte en lui un tempérament
de sculpteur très-réel, a triomphé de tous les obstacles
dans l'exécution de cette œuvre. Nous ne parlerons pas
de *Fantaisie,* du même auteur.

La statue de *Ganymède,* de M. Pallez, est d'une grande
élégance. Ce sujet a été rarement traité en sculpture.
M. Pallez peut donc revendiquer une part d'invention
qui ajoute encore au mérite de son ouvrage. Ganymède
est debout. D'un bras il entoure le cou de l'aigle gigan-
tesque dont les ailes déployées vont l'enlever de terre.
Il y a quelque chose d'aérien dans cette figure de jeune
homme aux formes sveltes, prêt à s'élancer vers les
hautes régions. Une draperie, adroitement jetée, conso-
lide le groupe. De grandes lignes d'un heureux effet
caractérisent l'œuvre de M. Pallez. La tête de l'échanson
des dieux est bien posée sur celle de l'oiseau. Le pied
gauche suit un mouvement rentrant que l'auteur voudra
modifier s'il exécute en marbre ce bon travail.

C'est par la composition que se recommande le *Génie
de l'Art,* de M. Cabuchet. L'effet est vraiment sculptural,
l'arrangement simple et juste. Le bras gauche est traité
avec grâce. Le corps est délicat, et les formes indécises
de l'enfance rendent avec plus d'idéalité que ne l'eût
fait un corps d'éphèbe la pensée de l'artiste.

La sculpture religieuse, peu en honneur aujourd'hui,
occupe une place suffisante au Salon pour que son appa-
rition soit saluée.

Il y a peu à dire sur la *Religion,* par M. Bourgeois.
Cette femme bizarrement coiffée d'une tiare, tenant le

calice et l'hostie, a le tort de chercher son Dieu du regard lorsqu'il est dans ses mains. Combien plus naturelle est la pose de la *Vierge à l'hostie,* par Ingres! M. Bourgeois fera bien d'étudier cette œuvre. Il y a beaucoup de naturel dans la statue du martyr *Ponticus,* par M. Allouard. La résignation du jeune chrétien a été bien comprise. Le *Christ en croix* de M. Montagny est sec. Les mains suivent un mouvement que devrait contrarier le poids du corps. L'expression de la tête ne manque pas de caractère. Une grande douceur se lit sur les traits du Sauveur.

Le *Christ en croix* de M. Thomas est supérieur à celui de M. Montagny. La tête semble toutefois un peu forte; l'anatomie générale de la figure a également préoccupé outre mesure le statuaire : les muscles pourraient être comptés. Il n'y a pas jusqu'aux veines des bras qui demeurent visibles, et ce n'est pas une qualité. Mais ces remarques de détail n'empêchent pas que nous nous plaisions à signaler la beauté des formes, la justesse du mouvement, la vérité de l'expression. C'est bien là le corps du Christ, affaibli, défaillant, pendu aux clous de la croix. Les jambes sans énergie fléchissent. Le divin supplicié n'est retenu au gibet que par ses bras meurtris. Les lèvres sont entr'ouvertes; elles semblent remuer. Le cri suprême va s'échapper de cette poitrine où s'agitent les dernières tortures. Le *Christ* de M. Thomas est donc une œuvre de sérieux mérite. Une plus grande élévation dans les traits du visage en eût fait une œuvre achevée.

Le *Capitaine A. du C...,* par M. Leharivel-Durocher, est une statue dont l'artiste n'a pu choisir la pose. En vain le livret informe le lecteur que le jeune militaire a été « blessé mortellement sur le plateau d'Auvours » : la famille du modèle a voulu qu'on le représentât mourant

sur un sofa, la chemise de batiste entr'ouverte, le vêtement correct et taillé à la dernière mode! Un statuaire
moins habile s'y serait perdu. M. Leharivel, à défaut de
l'énergie patriotique qu'il eût été heureux d'imprimer sur
cette figure de soldat, a répandu je ne sais quelle langueur douce, pénétrante, sur les traits du jeune gentil-
homme. Les draperies qui l'enveloppent manquent de
sobriété, mais combien le marbre est flexible! Comme
l'attitude du mourant est naturelle! Ce ne peut être là
que la mort d'un chrétien. Le réveil est promis à ces
lèvres mal fermées, à ces yeux qui appellent la lumière,
à ce front de vingt ans que le mal de l'âme n'a pas ef-
fleuré. Cette figure silencieuse et reposée sera bien en
son lieu dans une chapelle. Disons pourtant que la draperie nous a paru peser sur la cuisse gauche qu'elle
déprime; de même, les plis que supporte le bras droit
ne laissent pas sentir suffisamment le mouvement du
coude.

Les plans se balancent avec beaucoup de naturel dans
la statue de la *Céramique,* par M. Pull. La *Néréide* de
M. Moreau-Vauthier mérite le même éloge. Pourquoi
M. Flachéron n'a-t-il pas cherché à exprimer une pensée
lorsqu'il a modelé cette jeune femme qu'il appelle le
*Miroir naturel?* La pose est vraie, mais le travail de
l'artiste, tel qu'il est rendu, demandait à être complété
par une idée sérieuse. Nous en dirons autant du *Daphnis*
de M. Hercule, dont les extrémités sont traitées avec
distinction.

Le *Grand Lion du Sénégal,* en bronze, par M. Vidal,
ainsi que le groupe de *Lions se disputant un sanglier,* par
M. Caïn, sont des ouvrages de bon style dans un genre
secondaire.

## III

M. Max Claudet : l'*Épée de la France*. — M. Cordonnier : le *Réveil*. —
M. Geoffroy : *Mil huit cent soixante et onze*. — M. Maindron : l'*Avenir*.
— M. Destréez : le *Prisonnier*. — M. Marquet de Vasselot : *Honneur
à nos morts!* — M. Félix Martin : *Louis XI à Péronne;* la *Mort de
Cléopâtre; Un Saltimbanque*. — M. Laforesterie : la *Rêverie*.

La sculpture patriotique, qui est à la sculpture d'histoire ce que l'incident d'hier est aux événements passés,
se sent quelque peu des commotions politiques au milieu
desquelles nous vivons. C'est le péril des statuaires qui
abordent les sujets de cet ordre, d'exagérer l'idée qu'ils
veulent exprimer, et de ne pas trouver dans le public,
lorsque leur œuvre est achevée, une note qui corres-
ponde à leur inspiration. Fixer l'opinion, la rumeur
publique, en la généralisant, de façon, toutefois, qu'elle
ne perde rien de sa valeur, tel est le problème à résoudre.
Et apparemment ce labeur fébrile offre de sérieuses difficultés, car la plupart des artistes qui s'essayent dans ce
genre accidentel ne parviennent pas à créer de grandes
œuvres. C'est ainsi que l'*Épée de la France,* de M. Max
Claudet, est une composition dont le titre n'est pas suffisamment justifié. Mettez un chalumeau dans cette main qui
tient un tronçon d'épée, et vous avez Mélibée! Le *Réveil,*
par M. Cordonnier, est une figure de jeune homme dans
laquelle nous ne pouvons approuver ni le mouvement,
ni la pose. Que l'artiste n'a-t-il représenté son modèle
dans l'entraînement d'une marche passionnée, au lieu

de le poser en équilibre sur la pointe des pieds! La
bouche est démesurément ouverte, et annule toutes les
lignes de beauté qui la pourraient circonscrire. Lessing
a bien dit dans son *Laocoon* : « L'ouverture de la bouche
forme, en sculpture, un creux de l'effet le plus désa-
gréable. » M. Cordonnier voudra se souvenir de cette
parole. L'Alsacienne de M. Geoffroy n'a rien des qualités
typiques qui permettraient d'y voir la personnification
de l'année terrible *Mil huit cent soixante et onze*. Nous
ne pouvons rien dire de l'*Avenir*, par M. Maindron. Mais,
en revanche, le *Prisonnier* de M. Destréez rappelle avec
simplicité un des mille épisodes de la guerre de France.
En 1870, des paysans, ayant refusé de trahir leurs com-
patriotes, furent attachés à des arbres pour y mourir de
froid. M. Destréez a représenté son héros inconnu debout,
dans une attitude pleine de fierté. La tête est surtout
remarquable par la fermeté des plans, l'énergie de l'expression. Si la France avait eu à son service beaucoup
de paysans de cette race, elle n'eût peut-être pas suc-
combé. *Honneur à nos morts!* par M. Marquet de Vasselot,
est un bas-relief qu'on ne peut passer sous silence. La
vigueur du torse du personnage représenté, le geste, le
regard, concourent dans une juste mesure à traduire la
pensée de l'artiste; mais les lignes se balancent avec une
symétrie qui demandait à être rompue, et le dessin dis-
paraît trop sous la matière qui n'est qu'ébauchée.

M. Félix Martin a exposé trois œuvres différentes d'aspect et de caractère. *Louis XI à Péronne* est la traduction
en bronze de sa statuette justement appréciée au Salon
de 1872. C'est bien la tête historique du rusé monarque.
L'œil ouvert et glacé s'enchâsse profondément dans l'orbite. Accoudé sur son fauteuil, le royal captif est plongé
dans une muette rêverie. Peut-être les traits du visage

manquent-ils d'accent. L'index qui effleure la joue droite
est trop anguleux. Mais à côté de ces taches légères, on
ne peut qu'applaudir à la simplicité de la pose, au naturel de l'expression suffisamment indiquée, au dédain
de la symétrie, à la fidélité du costume et des accessoires. *Louis XI à Péronne* est la meilleure œuvre de
M. Martin et l'un des ouvrages remarquables du Salon.

Nous ferons quelques restrictions sur la *Mort de Cléopâtre,* du même auteur. Ce n'est pas que cette figure ne
renferme de très-réelles qualités. La souplesse du modelé
est à signaler. Les épaules de la reine égyptienne sont
traitées avec distinction, mais le torse manque de finesse.
L'attitude générale est bonne, et cependant ce n'est pas
de face qu'on aime à considérer cette œuvre. Le lit de
repos sur lequel s'est jetée la fille des Ptolémée a trop
d'importance. Il nuit à la valeur du personnage. Mais,
en retour, M. Martin mérite qu'on loue en lui le respect
de la tradition : les moindres détails de costume ou de
mobilier sont puisés aux meilleures sources. Si nous ana-
lysons le caractère imprimé sur la tête de Cléopâtre,
nous y retrouvons un mélange d'orgueil humilié, de langueur et de volonté. L'épiderme du bras semble fris-
sonner et se tendre sous l'attouchement visqueux de
l'aspic. Quelques mois de bon travail ajoutés à ceux que
l'artiste a dépensés déjà, et sa *Cléopâtre* serait une étude
de haut style; mais nous avouons sans peine que notre
hsitoire nationale nous paraît devoir être préférée aux
sujets anciens. L'auteur de *Louis XI* nous donne le droit
de lui parler ainsi.

*Un Saltimbanque* est la troisième œuvre exposée par
M. Martin. Si l'on ne cherche que la science du galbe,
la vérité de la pose, le *Saltimbanque* mérite qu'on l'exa-
mine. Mais cette attitude emphatique, que tout le monde

reconnaîtra pour exacte et prise sur le fait, est-elle sculpturale dans le sens esthétique du mot? Non. Le corps ne
tourne pas, toute la masse est sur un même plan. Il y a
de la roideur. Ajoutons que le sujet est de ceux que la
statuaire n'aborde pas sans péril. M. Martin n'eût sans
doute pas voulu borner à cette figure son envoi au Salon,
car il doit savoir que le saltimbanque n'intéresse pas.
C'est un suicidé. Il use inutilement sa force sur elle-
même, et jette en pâture au vulgaire une puissance
stérilisée.

Nous comprenons que la main qui avait modelé Louis XI,
c'est-à-dire le génie entaché de ruse; Cléopâtre, c'est-à-
dire l'amour dévoyé, se soit laissé tenter par la personnification de la force abaissée. Mais une nouvelle trilogie
s'impose à l'artiste. A lui de nous montrer, dans des types
vivants et dignes, le génie qui s'élève, l'amour qui s'oublie, la force qui se donne utilement.

La *Rêverie*, par M. Laforesterie, eût certainement remporté une deuxième médaille si les jambes de son personnage eussent été rendues avec le même fini que le
reste du corps. Un jeune homme nu, assis sur le sable,
les jambes croisées et la tête légèrement rapprochée des
genoux, telle est la *Rêverie*. Il y a dans la silhouette générale de cette figure quelque ressouvenir du *Désespoir*
de M. Perraud, actuellement au musée du Luxembourg;
mais trop de points séparent les deux œuvres pour qu'on
puisse faire à M. Laforesterie le moindre grief de cette
lointaine ressemblance. Peu de statues, parmi les marbres du Salon, sont aussi recommandables que cette
œuvre sous le rapport du dessin. On peut étudier à loisir
devant la *Rêverie* l'admirable arrangement des dépressions et des saillies, une des merveilles de la structure
humaine. « Le corps humain fait la flamme », disait Ingres

à ses élèves, quand il voulait donner le sens de cette loi sur laquelle repose la science des formes. La poitrine et le dos ont été rendus avec amour. Les bras sont fermes et délicats. Les orteils manquent de vérité. En revanche, la tête est irréprochable de caractère et de modelé. Tout est apaisé dans ce marbre, que la lumière glissante vient caresser comme un corps d'adolescent.

# IV

M. Moulin : *Un Secret d'en haut.* — M. Bogino : *Jeune Homme portant une amphore.* — M. Roubaud : *Joueur de triangle.* — M. Louis Noël : *Suger.* — M. Lequien : le *Marquis de Chasseloup-Laubat.* — M. Bartholdi : *Champollion.* — M. Préault : *Jacques Cœur.* — M. Truffot : *Lamartine.* — M. Jacquemart : *Mahomed-Bey-Lazzogloer.* — M. Fremiet : *Jeanne d'Arc.*— M. Albert Lefeuvre : *Jeanne d'Arc.*— M. Cordier : *Christophe Colomb.* — M. Chapu : la *Jeunesse.*

*Un Secret d'en haut,* par M. Moulin, représente le dieu Mercure légèrement penché vers l'oreille du dieu Terme, auquel il confie quelque importante nouvelle. Peut-être le dieu protecteur des limites sera-t-il chargé d'instruire les divinités de l'Olympe de ce qu'il aura vu pendant sa garde impassible. Sorte de borne agraire, le dieu Terme a la forme d'un pilier à tête humaine. Sa mission, qui n'a rien que de terrestre, est indiquée par une face épaisse et sans beauté. On se sent en présence d'une divinité secondaire. Son rire est une grimace. Tel n'est pas Mercure. Le messager des dieux est nu. Son corps, flexible de mouvement, est celui d'un éphèbe aux formes délicates. Incliné de gauche à droite, ses lèvres parlent, tandis que l'index appuie du geste sur l'importance du secret confié. Il porte avec aisance son caducée dans la main gauche. Peut-être pourrait-on regretter que, dans le mouvement de la tête, la direction du sterno-mastoïdien n'ait pas été observée avec une suffisante justesse. L'extrémité du muscle ne doit pas dépasser l'oreille. La hanche gauche nous a semblé être moins forte qu'il ne conviendrait. Mais les extrémités et la poitrine sont d'une rare finesse; l'opposition des têtes rapprochées est d'un excellent effet. De même, le pilier rigide contraste avec les jambes négligemment croisées du jeune dieu. A quelque point de vue qu'on se place, le travail de M. Moulin supporte l'analyse la plus sévère. C'est une œuvre supérieure.

La statue de *Jeune Homme portant une amphore*, par M. Bogino, offre une silhouette générale très-gracieuse. Le *Joueur de triangle*, par M. Roubaud, est un marbre où se révèle le talent distingué de l'artiste. Il y a lieu de féliciter M. Roubaud, qui est élève de Duret, de l'habileté dont il fait preuve dans le maniement du ciseau.

M. Louis-Noël expose une statue de *Suger*, dans laquelle de graves défauts se rencontrent auprès de qualités réelles. La tête manque de volume. En revanche, les mains sont de proportions trop grandes. Le pied qui porte n'est pas placé sous l'axe du cou. Et cependant la figure du ministre de Louis VI a quelque chose qui plaît dans son ensemble. Le costume du moine est rendu avec goût. De grandes lignes ajoutent au caractère de la statue, et l'expression du visage a quelque beauté. M. Louis-Noël voudra s'y reprendre; sa statue de *Suger* porte l'indice d'un talent chercheur.

Le *Marquis de Chasseloup-Laubat*, de M. Lequien, se distingue également par le caractère de la tête; mais les mains manquent de vigueur. Le personnage est court de buste. Le *Champollion* de M. Bartholdi est une œuvre tourmentée. Les angles ressentis, la pose de la tête trop inclinée, les accessoires dont l'importance nuit à la figure principale, tout, dans ce marbre, s'agite bruyamment. On y cherche en vain la gravité qui convient au savant. Ce n'est pas ainsi que l'on conçoit l'image du patient interprète des hiéroglyphes. Quelle étrange idée a eue M. Préault de représenter *Jacques Cœur* laissant échapper l'or d'un sac largement ouvert? L'argentier de Charles VII, le financier sans rival au quinzième siècle, méritait que sa science commerciale et son économie fussent mieux comprises par le statuaire. Telle que M. Préault l'a conçue, la statue de Jacques Cœur est celle d'un prodigue. M. Truffot a imaginé un *Lamartine* ayant une levrette à ses côtés. C'est bien la peine, vraiment, d'avoir été poëte, orateur et homme d'État, pour obtenir un hommage de ce genre !

*Mahomed-Bey-Lazzogloer,* par M. Jacquemart, est un bronze dont la pose est simple, le travail consciencieux, l'expression vraie. Le costume oriental est largement traité. M. Fremiet, l'auteur de la statue de *Jeanne d'Arc* qui décore la place des Pyramides, expose une figure tumulaire de la Pucelle. Jeanne est à genoux, dans son armure, ayant la tête baissée et les mains jointes. L'élégance de cette œuvre est remarquable. L'armure de l'héroïne est gracieuse et légère. Elle suit avec justesse le mouvement du corps. La tête, les mains indiquent bien la prière. Nous regrettons toutefois que les traits de Jeanne soient amaigris à ce point qu'ils lui donnent l'aspect d'une visionnaire. Cette figure allongée, maladive, presque diaphane, ne peut convenir à l'énergique Pucelle, dont la mission releva de plus haut que la raison humaine. Signalons la *Jeanne d'Arc* de M. Albert Lefeuvre. Ce travail est moins recommandable dans l'ensemble que celui de M. Fremiet, mais la tête de l'héroïne est mieux comprise.

La meilleure statue historique se voit à la porte du palais. C'est celle de *Christophe Colomb,* par M. Cordier.

Sur son socle élevé, le hardi navigateur est debout,
la main gauche posée sur le globe terrestre, qu'il dégage de ses voiles, et la main droite ouverte comme
un semeur. Il salue du regard et du geste le nouveau
monde. Une blouse de marin serrée à la taille lui sert
de vêtement. Un manteau à manches retombe en plis
larges et peu nombreux derrière le héros. La tête
est puissante et calme. Quatre moines, aux angles du
monument, disent quel genre de civilisation le marin
génois apporta à l'autre hémisphère. S'il est vrai que les
frais de ce monument aient été faits par un simple parti-
culier de Mexico, le donateur et l'artiste ont droit aux
mêmes hommages.

Nous voici devant l'œuvre capitale du Salon, la *Jeunesse*, par M. Chapu. Cette figure de haut relief est destinée à faire partie du monument élevé à la mémoire de
Henri Regnault et des élèves de l'École des beaux-arts
tués à l'ennemi. Imaginez une jeune femme, vue de profil,
s'efforçant de placer une palme au sommet du funèbre
édifice. Tout à l'heure, elle était dans une attitude d'af-
faissement. Ses genoux s'étaient dérobés. La mort inat-
tendue de ces volontaires de vingt ans l'avait anéantie.
Est-ce qu'elle n'était pas la compagne aimée, bénie de
ces artistes qui lui faisaient fête par leur noble travail?
La Jeunesse, que tant d'autres ne savent pas honorer,
sentait sur son front l'auréole de gloire dont elle était
redevable aux jeunes maîtres de l'école. Elle s'était age-
nouillée sur le seuil de leur tombe; puis, saisissant une
branche morte, qui dans ses doigts devient un rameau
d'or, l'aimable déesse s'est relevée. La poitrine collée
sur le marbre vertical du tombeau, la main droite cris-
pée à l'angle de la muraille, les jambes encore défail-
lantes, la tête renversée dans un mouvement d'expressive

douleur, elle tient, au plus haut qu'elle peut atteindre,
le long de la pierre, l'hommage suprême de son culte.
C'est une figure exquise que cette image de la Jeunesse.
M. Chapu a fait preuve d'un talent poétique et chaleu-
reux, que peu de statuaires possèdent au même degré.
Sa statue méritait la médaille d'honneur, et le jury ne
s'est pas trompé en la lui décernant. Il est bon de récom-
penser chez les artistes d'aujourd'hui tout effort sérieux
vers l'idéal. Un travail distingué relève encore, dans
l'œuvre de M. Chapu, la noblesse et l'heureux choix de
la pensée. Il y a cependant quelques remarques à faire
sur les plis trop abondants de la jupe au-dessous du
genou. Nous pensons aussi que l'arrangement des cheveux étant donné, le mouvement de la tête n'est pas
exempt de reproche. Un accent sur la nuque eût été
facilement obtenu en variant la coiffure. Le galbe du cou,
bien dégagé, ne pouvait qu'ajouter à l'élégance de la
figure, dont le dos est d'une souplesse remarquable.

## V

*M. Blanco : la Sauvage charitable. — M. Berthier : Rêveuse. — M. Le Cointe : l'Esclave. — M. Morblant : Elle attend. — M. Fraikin : Une Mère. — M. Jullien : l'Enfant prodigue. — M. Fremiet : Un Homme de l'âge de pierre. — M. Grégoire : Léandre. — M. Tournois : Persée. — M. Guilbert : le Petit Justicier. — M. Jannin : David. — M. Damé : Céphale et Procris. — M. d'Épinay : l'Enfant spartiate. — M. Cugnot : Corybante. — Élias Robert : Projet de couronnement de l'arc de l'Étoile. — M. Delaplanche : Monument élevé à la mémoire de Mgr Affreingue à Notre-Dame de Boulogne-sur-Mer; l'Éducation maternelle.*

La convenance du sujet, la réserve de l'attitude, ce qui constitue la chasteté de l'art, n'ont pas été comprises également par tous les artistes. Si nous voulions blâmer ceux qui se sont égarés à reproduire des œuvres sans dignité, nous aurions de sérieux reproches à faire à M. Blanco pour sa *Sauvage charitable*, groupe d'une inconvenance grotesque. La *Rêveuse* de M. Berthier, l'*Esclave* de M. Le Cointe, *Elle attend*, par M. Morblant, et deux ou trois autres ouvrages qui se réclament d'intentions risquées, ne sont pas même relevés par le style.

La statue de M. Fraikin, *Une Mère,* pèche par la composition. L'inconvenance de la pose enlève au marbre de cet artiste une part de son mérite. Une bourse vide, une tête de porc, voilà des accessoires quelque peu primitifs pour une statue de l'*Enfant prodigue!* M. Jullien n'a pas dû chercher longtemps pour composer sa figure, dont la tête ne manque pas d'un certain caractère.

Quel caprice a pu guider M. Fremiet dans l'exécution
de sa statue, *Un Homme de l'âge de pierre?* Je veux bien
croire l'artiste sur parole lorsqu'il m'affirme que ce hideux
personnage « a été reconstitué sur des fragments humains
de l'époque ». Mais, en vérité, c'était plutôt l'affaire de
Cuvier que de M. Fremiet de s'attarder à cette tâche
ingrate!

C'est une bonne étude que le *Léandre* de M. Grégoire.
La science du modelé, la recherche de l'expression con-
tenue nous permettent de bien augurer de cet artiste. Si
le *Persée* de M. Tournois était plus franc d'allure, il y
aurait peu à reprendre dans ce marbre. La tête de Persée
est belle d'énergie; elle contraste avec celle de Méduse
qu'il tient à la main. La ligne de gauche ne manque pas
de caractère.

Le *Petit Justicier* de M. Guilbert, qui hésite à noyer
son chat parce qu'il vient d'étrangler un oiseau, n'est
rien de plus qu'un sujet de genre. Une pareille scène
serait gracieuse si elle était traitée par le pinceau. Elle
reste ridicule en sculpture. Un plus grand dédain dans
les lèvres du *David* de M. Jannin eût ajouté au mérite de
cette figure. On sent que l'artiste a voulu atteindre au
caractère sans parvenir à l'exprimer suffisamment. La
pose du jeune berger préparant la fronde avec laquelle il
va frapper Goliath manque de naturel.

Le *Céphale et Procris* de M. Damé est encore un sujet
tiré d'Ovide! Les jeunes artistes sont-ils versés dans les
lettres anciennes à ce point qu'ils supposent Ovide ou
Catulle devenus classiques? Qui donc les fera sortir de
la théogonie grecque? Dix-neuf cents ans de vie nouvelle
sont cependant un champ assez vaste pour que l'imagina-
tion la moins féconde y trouve à glaner.

L'*Enfant spartiate* de M. d'Épinay relève d'une inspiration meilleure que sa statue exposée en 1874 : *Ceinture dorée*. L'enfant souffre réellement; son visage, à défaut de son dire, trahit la douleur que lui cause le renard qu'il tient serré sous son manteau. Le mouvement brusque de la tête est bien celui d'un écolier pris en faute, prompt à la réplique. Mais si la tête de l'animal est indiquée dans de justes proportions sous le bras de l'enfant, le corps du renard cesse d'être senti sous le manteau. C'est une faute.

Après avoir enlevé Jupiter à Saturne, Rhéa le confia aux corybantes, prêtres de Cybèle, originaires de Phrygie. Et afin que cette ruse ne fût pas dévoilée par les cris de l'enfant, un corybante dansait autour de Jupiter, frappant de l'épée son bouclier. — Tel est le sujet que M. Cugnot a traité dans son groupe remarquable. Le *Corybante* est debout. A ses pieds, du côté droit, Jupiter enfant se débat et crie à tout rompre. Le corps du jeune dieu est plein de moelleux, tandis que la place qu'il occupe en fait un appui pour la figure principale. Le Corybante, dans l'attitude de la marche, les bras levés, un bouclier posé sur le bras gauche, une épée dans la main droite, couvre les cris de l'enfant du bruit de l'acier sur l'airain.

La tête du Corybante est rejetée en arrière avec beaucoup de naturel. Il regarde par-dessus son épaule comment se comporte Jupiter. L'idée est une et gracieuse. La tête du Phrygien est intelligente; ses bras sont jeunes; la poitrine est robuste et de belles proportions. Les jambes manquent un peu de vigueur, le dessin en est maigre. Lorsqu'on se place à la droite de la statue, l'effet général est exempt de reproche. De l'autre côté, la maigreur des jambes est rendue plus sensible encore par le profil ressenti de la poitrine. Malgré ces quelques défauts, le

travail de M. Cugnot est de ceux qui ont conquis le plus
de suffrages.

Signalons une esquisse de feu Élias Robert : *Projet de
couronnement de l'arc de l'Étoile*. L'artiste a représenté
Napoléon debout sur le globe terrestre. C'est vraisem-
blablement le centième projet de même nature, et nous
n'oserions dire qu'il soit d'une exécution possible. La
figure d'homme, si grande qu'elle fût, serait de nul effet
sur un globe aux dimensions colossales. L'équilibre des
masses ne saurait être obtenu. Une esquisse qui se recommande avec plus de raison à notre examen, c'est celle
du *Monument élevé à la mémoire de Mgr Affreingue à
Notre-Dame de Boulogne-sur-Mer,* par M. Delaplanche. Le
groupe a quelque chose d'imposant dans l'ensemble. Il y
a notamment, au premier plan, un ange admirablement
posé. Nous voulons espérer que la figure de la Vierge,
dans le modèle définitif, sera plus idéalisée que dans
l'esquisse.

Mais l'œuvre capitale de M. Delaplanche au Salon
de 1875, c'est un groupe de l'*Éducation maternelle.*
Visiblement inspiré par les grandes figures des *Sibylles*
de la chapelle Sixtine, M. Delaplanche a voulu atteindre
au faire vigoureux de Michel-Ange. Au point de vue
sculptural, son œuvre est à la fois puissante et sobre. La
mère, assise, ayant à sa droite sa fille qu'elle instruit,
est tout entière à sa tâche. L'action est une, simple et
vraie. Il n'y a ni mièvrerie, ni convention dans ce col-
loque intelligent de la mère et de l'enfant. Pourquoi
faut-il que M. Delaplanche, désireux d'atteindre à la
force, n'ait pas su garder la distinction? Cette femme au
corps vigoureux n'a rien de choisi. Les pieds de l'enfant
sont d'une longueur exagérée. Les plis de sa robe manquent d'harmonie. Cependant, cette dernière œuvre de

M. Delaplanche nous permet de constater chez l'artiste
de réels progrès. Autant par le choix du sujet que par
le fini de l'exécution, M. Delaplanche se montre préoccupé du but élevé auquel l'art du statuaire doit atteindre.
Or, cet artiste porte en lui de suffisantes qualités pour
prendre place au premier rang parmi les sculpteurs
contemporains.

# VI

M. Michel : *Hébé et l'aigle de Jupiter.* — M. de Vigne : *Domenica.* —
M. de Vauréal : la *Prière.* — M. Schœnewerk : *Jeune Fille à la fon-
taine.* — M. Noël : *Rétiaire; Roméo et Juliette.* — M. Baujault : *Jeune
Gaulois.* — M. Morice : *Hylas.* — M. Mercié : *Le Loup, la Mère et
l'Enfant; Gloria victis.* — M. de Vercy : *Dieu fait bien ce qu'il fait.*
— M. Gauthier : *Andromède.* — M. Degeorge : la *Jeunesse d'Aristote.*
— M. Thabard : le *Charmeur.* — M. Delhomme : *Démocrite.* —
M. Barré : le *Rêve d'Armide.* — M. Falguière : *La Suisse accueillant
l'armée française.* — M. Guillaume : *Un Terme.* — M. Perraud : le
*Jour.*

*Hébé et l'aigle de Jupiter,* de M. Gustave Michel, se
recommande par de très-belles lignes; le mouvement est
bien trouvé, et le dessin donne la mesure d'études
sérieuses. Ingres eût applaudi à la pose simple et gracieuse de l'*Hébé,* dont plusieurs parties nous ont fait
penser à la *Source.* Que M. Michel donne à l'exécution
de ses ouvrages le même soin qu'il apporte à leur con-
ception, et nous lui prédisons de prochains succès.
*Domenica,* de M. de Vigne, est une statue dont le sentiment est juste. M. de Vauréal a bien compris sa figure de
la *Prière.* L'anéantissement d'une âme humiliée est écrit
sur chaque pli du marbre. On souffre avec cette femme
dont l'espérance est en Dieu, et qui s'est affaissée sous le
poids de la vie. Involontairement en face de l'œuvre de
M. de Vauréal, dont la pensée est à la fois si poétique et
si élevée, nous redisions les vers du poëte :

> Tout souffre et tout se plaint. La nature lassée
> A besoin de sommeil, de prière et d'amour.

La *Jeune Fille à la fontaine*, de M. Schœnewerk, l'un des meilleurs ouvrages du Salon de 1873, reparaît sous des proportions réduites. La statuette est loin de valoir, à nos yeux, l'œuvre ancienne, et la terre cuite n'a pas la fluidité du marbre, qui ajoutait au mérite du premier travail. Par contre, le *Rétiaire* de M. Noël, en bronze, a beaucoup gagné. L'énergie du visage, le regard fauve, les plans nerveux des bras et de la poitrine sont accentués avec avantage par le bronze. La pose du groupe en marbre de *Roméo et Juliette,* du même auteur, enlève tout mérite à ce travail.

Le *Jeune Gaulois,* de M. Baujault, pèche par le modelé, qui manque de vigueur; la bouche fait une légère grimace, la joue se trouve inutilement diminuée par une mèche de cheveux d'un fâcheux effet. Cependant, l'œuvre de M. Baujault se distingue par la précision du mouvement. Il est juste, harmonieux et sculptural. Le bras droit, qui porte le gui, est d'un travail achevé. En somme, il y a progrès chez M. Baujault.

C'est une figure d'un jet magnifique que la statue d'*Hylas,* par M. Morice. Le compagnon d'Hercule s'est approché sans défiance d'une fontaine. Il s'est penché, tenant de la main droite une amphore qu'il va remplir; mais, pendant qu'il est à sa tâche, des voix s'échappent des roseaux, une mélodie céleste se fait entendre, c'est lui qu'on appelle! Le malheureux jeune homme a relevé le front, mais déjà ses yeux se voilent, une langueur douce est empreinte sur ses traits, ses lèvres s'entr'ouvrent, et il est sous le charme. Encore quelques instants, et les nymphes de ce lieu champêtre auront attiré dans leurs ondes le vaillant lutteur. La donnée n'est pas nouvelle, on le voit; mais M. Morice a su mettre un caractère si vrai dans une œuvre où d'autres n'eussent cherché qu'un

prétexte aux belles formes, que sa statue se réclame
de l'antique par les lignes et de l'art moderne par
le style.

L'an dernier, nous terminions notre critique du *Gloria
victis* par ces mots : « Succès oblige. Que M. Mercié ne
l'oublie pas, il est tenu dès aujourd'hui à ne hanter que
les sommets. » Nous nous plaisons à tenir ce langage à
M. Mercié, qui expose cette année un bas-relief de petites
dimensions, conçu dans le goût de Ghiberti, et qu'il in-
titule : *Le Loup, la Mère et l'Enfant.* Ce n'est pas une
œuvre comparable au *Gloria victis,* il s'en faut! Les plans
trop nombreux de cette page de bronze y produisent la
confusion. Si les détails accusent un talent élevé, le travail, dans son ensemble, n'a pas grande portée. La Fontaine, d'ailleurs, peut inspirer un peintre de genre, rarement un statuaire. Sans doute M. Mercié prépare quelque
ouvrage de haut style, et son bas-relief anecdotique n'a
d'autre objet que de maintenir son nom sur le livret. Du
reste, le *Gloria victis,* traduit en bronze, occupe cette
année le centre du Salon. Peut-être le changement de
matière a-t-il fait perdre au groupe de M. Mercié quelque
peu de ses proportions premières. On croirait aisément
que la figure principale a été réduite. Mais l'inspiration,
le mouvement, la pensée sont écrits sur l'airain avec un
accent de patriotisme qui nous laisse le droit d'être sévère
à l'avenir envers l'artiste. M. Mercié peut beaucoup. Dès
son début, il s'est révélé comme penseur.

M. de Vercy expose un marbre de grandes proportions, auquel il donne pour titre : *Dieu fait bien ce qu'il
fait.* Le sujet appartient à la Fontaine. La fable *le Gland
et la Citrouille* a inspiré le sculpteur. Garo, demi-étendu,
tiré de « son somme » par le gland, « pris au poil du
menton », dit le poëte, nous représente un homme du

peuple. M. de Vercy n'en a pas moins exécuté sa figure
dans un style élevé. Ici la vigueur est unie à la distinction. Les plans variés, simples et nettement accusés attes-
tent la science de l'artiste, non moins que son travail
prolongé. Les chairs sont jeunes et pleines de souplesse.
Le regard du philosophe populaire est un regard
apaisé.

Mais, si digne de remarque que soit la statue de M. de
Vercy, elle n'est pas supérieure au modèle exposé par
lui précédemment. De plus, nous eussions voulu que
l'artiste résumât sa pensée en un marbre de proportions
restreintes, dès lors qu'il empruntait son sujet au fabu-
liste. Le marbre a par lui-même quelque chose d'hé-
roïque, et si vous usez de proportions plus grandes que
nature dans la représentation d'une idée familière, où
sera l'équilibre, où sera la mesure? Trente vers de la
Fontaine ne sauraient motiver un si vaste labeur.

L'*Andromède* de M. Gauthier, que nous connaissions
depuis 1873, laisse pressentir de sérieux efforts chez
l'artiste. Le marbre ne peut plus être comparé au modèle. Nous regrettons toutefois que la main gauche de la
statue fasse diversion. Le mouvement qu'elle décrit ne
s'explique pas. La *Jeunesse d'Aristote,* de M. Degeorge,
est un marbre longuement caressé; presque toutes les
parties en sont belles. Si les épaules répondaient à la
vigueur des jambes, cette figure serait à l'abri de toute
critique. Nous aimons beaucoup le mouvement du *Charmeur,* de M. Thabard, — encore un marbre soigneuse-
ment travaillé. — Nous ferons à M. Delhomme le même
reproche qu'à M. de Vercy. Sa statue de *Démocrite,* en
marbre, conçue d'après le portrait que la Fontaine a
tracé du philosophe grec, n'est pas compréhensible.
Mais un style simple, des plans bien étudiés nous auto-

risent à espérer beaucoup de l'auteur d'un pareil ouvrage.
Le *Rêve d'Armide,* par M. Barré, n'est qu'un souvenir de
la *Mort de Psyché,* par M. Oudiné. Le groupe de *la
Suisse accueillant l'armée française,* par M. Falguière, est
un travail sobre d'où le caractère n'est pas absent. Le
mouvement des deux figures est juste. Toutefois, celle du
soldat est d'une imitation plus choisie que celle de la
Suisse.

M. Guillaume, membre de l'Institut et directeur de
l'École des beaux-arts, ne craint pas de s'exposer chaque
année au feu de la critique. C'est bien comprendre la
mission d'exemple et d'encouragement que l'État lui a
confiée envers les jeunes générations d'artistes qu'il gou-
verne. *Un Terme,* par M. Guillaume, figure au Salon de
cette année. Les mains du dieu forment une opposition
d'un gracieux effet avec celles de l'Amour enfant qu'il
tient dans ses bras. Les draperies qui enveloppent la
gaîne du vieux faune sont traitées dans un style ample
et net. Un autre membre de l'Institut, M. Perraud, s'est
inspiré de la Vénus de Milo dans un groupe qu'il appelle
le *Jour.* Avant lui, Canova n'a-t-il pas sculpté sa figure
de *Persée* dans le mouvement de l'Apollon du Belvédère ?
A la place de M. Perraud, nous eussions intitulé son
œuvre : le *Repos.* Une femme tient une amphore renversée sur son épaule, afin qu'un guerrier se désaltère.
Les plis des draperies sont écrits avec résolution. Dans
les parties nues, il convient de louer le torse cambré de
la femme, mais le corps du guerrier n'a rien de beau.
Le statuaire s'est préoccupé de montrer sa science, et
la myologie tient ici la place de l'esthétique. M. Perraud
n'a pas su garder la mesure dans l'expression de la
force. Si puissant que soit son groupe, on ne le peut
bien voir que d'un seul point. Et encore les lignes de

beauté, sous son aspect le plus favorable, sont-elles très-rares. M. Perraud ne s'est pas souvenu du précepte si éloquemment rappelé par M. Guillaume, dans son étude sur Michel-Ange. « Un groupe, écrit l'artiste, est une œuvre destinée à avoir autant d'aspects divers qu'il y a de points de station autour d'elle. » M. Perraud s'était sagement soumis à cette règle inflexible, lorsqu'il composait sa *Galatée*.

# VII

M. Guillaume : *Mgr Darboy.* — M. Iselin: *Lamoricière.* — M. Oliva : *Sainte
Thérèse.* — M. Hégel : *Madame M. N...* ; *M. Lebouc.* — M. Robert David
d'Angers : *Jeune Fille.* — M. Nayel : *Bodelio.* — M. Paul Dubois : *Por-
trait d'un enfant ; Portrait de M. Henner.* — M. de Saint-Vidal : *Bee-
thoven.* — M. Étex : *Alexandre Dumas père.* — M. Crauk : *M. Gilbert ;
le général Changarnier.* — M. Lafrance : *Portrait de M. P. P...* —
M. Boisseau : *Portrait de madame Oudot.* — M. Guillemin : *Jeune
Japonais ; Jeune Japonaise.* — M. Laurent Daragon : *Mademoiselle
G. Olivier.* — M. Hébert : *M. Melchissédech.* — M. Marquet de Vasselot :
*Mademoiselle M. R...* — M. d'Epinay : *Portrait de mademoiselle M. M...*
— M. Loison : *Portrait de mademoiselle S. L. A... ; Portrait de madame
M. B...* — M. Carpeaux : *M. Chérier.*

Les bustes sont nombreux au Salon. La plupart sont
en marbre. Nous nous plaisons à relever ce détail, indice
du travail patient de l'artiste. Il nous est agréable de
songer que nos sculpteurs n'ont point apporté trop de
hâte à soumettre leurs œuvres au jugement du public.

En retour, nous devons constater une tendance
fâcheuse. Nous voulons parler de l'étrange fantaisie qui
pousse les statuaires à sculpter un buste avec des bras,
d'abondantes draperies, des accessoires de tout genre.

Dans de telles conditions, que devient le buste, cette
image de la tête humaine ? Le buste est effacé, l'attention
distraite. Le caractère du visage, son expression, son
idéalité se trouvent éclipsés par l'éclat du costume, le
geste, l'attitude de cette figure incomplète, moitié buste
et moitié statue. Nous ne saurions trop prémunir les
jeunes artistes contre l'exemple que tant de sculpteurs
de mérite ont cru pouvoir donner au Salon de 1875, en

ne renfermant pas leurs pensées dans des œuvres plastiques nettement définies.

Le buste de *Mgr Darboy*, par M. Guillaume, est remarquable sous tous les rapports; la dignité du prélat unie
à la volonté du penseur se résume dans ce front dou-
loureux, resplendissant d'idéalité.

Le buste de *Lamoricière*, par M. Iselin, se recommande
par la pénétration du regard, la tranquillité du visage,
la puissance et la loyauté de l'expression. Nous aimons
moins le buste de *Sainte Thérèse*, par M. Oliva. Les yeux
à prunelles perdues sont d'un effet plus naturel en pein-
ture que dans les œuvres de la statuaire.

Le portrait de *Madame M. N...*, par M. Hégel, un jeune
sculpteur polonais, est d'un modelé très-fin. Les tempes
serrées indiquent la fermeté; les lèvres expriment une
bonté simple. L'importance donnée aux draperies nuit
quelque peu à la pondération de l'ensemble. Le portrait
de *M. Lebouc*, par le même artiste, est hors de reproche.
La pose est heureuse. Le modèle n'est pas averti qu'on le
regarde. L'œil s'enchâsse bien dans l'orbite, les cheveux
sont traités sans recherche; les joues ont du moelleux et
de la jeunesse, la lèvre est reposée. M. Hégel manie
l'ébauchoir avec une sobriété qui montre la sûreté de sa
main. Cet artiste peut prétendre à l'expression de la
force. Il porte un talent viril.

Des deux bustes exposés par M. Robert David d'Angers, le portrait de *Jeune Fille* est le plus achevé. L'attitude de la tête, à peine sentie, l'œil vague, les lèvres
fines et sans prétention, les cheveux relevés qui laissent
au cou son galbe élégant, tout est à louer dans cette
figure, que l'artiste eût pu intituler : l'*Innocence*. Quelques mèches de cheveux rebelles sur le front et près de
l'oreille droite, une fleur auprès de la tempe, disent le

talent du statuaire à poser un accent où il convient. Le marbre de M. Robert David mérite d'être remarqué.

L'a pureté du type et le caractère de la pose distinguent le buste que M. Nayel appelle *Bodelio.*

M. Paul Dubois a exposé trois bustes. Son *Portrait d'un enfant* est à la fois rempli de finesse et de naïveté ; le front bien développé, les cheveux largement traités dans un désordre élégant ajoutent à l'éloquence du visage. Le *Portrait de M. Henner* contraste avec ce premier buste. Un modelé savant sans dureté, l'expression d'une beauté sénile répandue sur les plans du front, sur des tempes ravagées, dans l'énergie de l'œil et la franchise des lèvres, donnent à cette image de penseur un style élevé. Nous souhaitons que M. Dubois expose de nouveau ces deux portraits lorsqu'il les aura traduits en marbre.

La tête de *Beethoven*, par M. de Saint-Vidal, ne se dégage pas suffisamment des épaules. Celle d'*Alexandre Dumas père,* par M. Etex, n'est pas assez travaillée. Une certaine puissance est indiquée, mais non pas écrite sur ce bronze. *M. Gilbert,* par M. Crauk, rend bien l'impression d'une existence vouée tout entière au labeur de la pensée. Les joues sillonnées, la bouche réfléchie disent l'homme d'étude. Le laconisme du costume est à signaler dans le buste du général *Changarnier,* du même auteur. Peut-être, cependant, M. Crauk a-t-il donné trop d'importance aux moustaches, dont la masse nuit à l'effet de la lèvre supérieure.

Parmi les bustes auxquels nous reprochons d'avoir empiété sur la statue par l'adjonction de bras ou l'importance des accessoires, il nous est pénible de compter le *Portrait de M. P. P...,* par M. Lafrance ; celui de *Madame Oudot,* par M. Boisseau ; la *Jeune Japonaise* et le *Japonais,* de M. Guillemin ; *Mademoiselle G. Olivier,* par

M. Laurent Daragon ; *M. Melchissédech,* par M. Hébert ; *Mademoiselle M. R...,* par M. Marquet de Vasselot. Mais aucune des œuvres que nous venons d'indiquer ne peut être comparée au *Portrait de mademoiselle M. M...,* par M. d'Épinay. Ce buste n'a pas moins d'un mètre de hauteur, et nous devons renoncer au dénombrement des couronnes, guirlandes, masque tragique, manteau, etc., dont ce buste est complaisamment affublé. La tête, étroite et longue, est dénuée d'expression. Ce n'est pas un buste, c'est une figure à mi-jambes.

M. Loison a le sens juste du portrait. Son buste de *Mademoiselle S. L. A...* est un marbre que recommande la fermeté du galbe. Une grande simplicité dans la gradation des plans, beaucoup de jeunesse, point de détails inutiles, telle est cette effigie d'une beauté sévère et discrète. Avec plus de finesse dans les lèvres, cet ouvrage serait vraiment sans reprise. Nous aimons moins le *Portrait de madame M. B...,* du même artiste. L'expression de l'œil approche de la dureté.

M. Carpeaux a savamment traité son buste de *M. Chérier.* Le bronze parle. Il a toute la chaleur d'une tête vivante. Le front respire, le regard s'abrite sous de longues paupières ; la barbe, les cheveux sont jetés avec beaucoup d'art, mais les effets nombreux et calculés que l'artiste a cherchés sont trop ressentis. Il a fait de la sculpture pittoresque. Sous la teinte monochrome du bronze, les joues fatiguées du modèle ont de la pâleur. Toutes les saillies de la matière ont un accent, l'œuvre sculptée n'est pas une. Si la violence de M. Carpeaux donne parfois l'illusion de la force, il manque à ce maître les pures notions de l'harmonie dont le charme muet impose à l'esprit devant les chefs-d'œuvre de la plastique.

# VIII

Mademoiselle Dubray : *Didon, reine de Carthage.* — Mademoiselle de
Rubempré : *Portrait de mademoiselle Henriette.* — Madame de Saint-
Priest : *Portrait de madame B...* — Marcello : *Redemptor mundi;
Phœbé;* la *Belle Romaine.* — Mademoiselle Del Sarte : *Portrait de
Miss L. E...; Portrait de Miss M. C...* — Mademoiselle Anna Latry :
*Mademoiselle V. Angelo.* — Madame Bertaux : Le *Printemps.* —
Mademoiselle Jeanne de Beaumont : *Portrait de madame la comtesse de
Castries.* — Madame Bureau : *Quinze ans! Portrait du général Rose.*

Tout le monde a lu les curieuses notes dont Falconet
a fait suivre la traduction du XXXV⁰ livre de Pline. L'artiste écrivain considère comme l'exception la plus rare
qu'une jeune fille, — une seule, — ait osé se mesurer
de son temps avec l'art du statuaire. « Nous avons, dit-il,
une *sculpteur* qui, si elle continue, pourra tenir une place
honorable entre les artistes habiles, et le prix de ses ouvrages ne sera point dû seulement au sexe et à la singu-
larité (car elle est seule), mais à leur propre mérite. »
Falconet oublie d'ajouter que cette artiste est son élève,
qu'elle s'appelle mademoiselle Collot, et que le maître
se dispose à lui donner son nom en lui faisant épouser
son fils.

Mademoiselle Collot se distingua surtout par ses
bustes. Elle sculptait la tête humaine avec un remarquable talent. Appelée à Saint-Pétersbourg en même
temps que Falconet, celui-ci voulut que la tête de la
statue équestre de Pierre Iᵉʳ qu'il était chargé d'exécuter
fût l'œuvre de sa jeune élève, et le statuaire, disent ses

historiens, ne fit subir aucune retouche à la tête impérieuse du czar, bien qu'elle dût être la partie dominante
de son propre travail.

Le cours d'un siècle peut changer bien des choses.
Depuis longtemps déjà notre école renferme de nombreuses imitatrices de mademoiselle Collot. Peuvent-elles
être mises en parallèle avec l'élève de Falconet? Le Salon
de 1875 ne nous permet pas de l'affirmer.

En effet, si la plupart des femmes sculpteurs qui ont
exposé cette année se sont renfermées dans l'étude du
portrait, ce qui nous semble raisonnable, beaucoup
n'ont pas su se défendre des tendances fâcheuses qui ont
influé d'une manière si générale sur les bustes apportés
au dernier Salon.

*Didon, reine de Carthage,* par mademoiselle Dubray,
est un buste dont la pose hautaine, le regard dominateur
n'avaient nul besoin d'être atténués par des draperies
nombreuses et bruyantes. Cette reine, qui fait songer à
*Vénus Victrix,* serait plus éloquente avec son seul diadème
et l'expression de ses traits, si le costume ne faisait obstacle à l'énergie du visage. Comment ne pas être sévère
pour ce buste d'enfant que mademoiselle de Rubempré
appelle *Portrait de mademoiselle Henriette?* Le torse est
muni de bras, un oiseau s'est posé sur la tête de l'enfant,
qui tient fixé son doigt sur sa bouche! Une seule chose
est sacrifiée, dans cet ensemble plein de recherche : c'est
la tête. Madame de Saint-Priest a su mettre plus de simplicité dans son *Portrait de madame B...*

L'artiste qui signe Marcello a exposé trois marbres.
*Redemptor mundi, Phœbé,* la *Belle Romaine,* sont des
œuvres que dépare l'intensité de l'expression. L'auteur
vise au grandiose, et s'arrête à l'enflure. Je ne veux rien
dire des colliers et du plastron de la *Belle Romaine,*

pas plus que des guirlandes et de la draperie de *Phœbé*.

Mademoiselle Del Sarte est plus heureuse dans son médaillon colossal de *Miss L. E...*, dont la tête est d'une anatomie très-vraie. Les cheveux sont habilement traités, mais la joue réclamait une main plus ferme. En revanche, le *Portrait de Miss. M. C...*, d'un travail plus uniforme et plus achevé, se distingue par une inspiration très-juste. Mademoiselle Anna Latry expose un bon buste de *Mademoiselle V. Angelo*. Nous n'y trouvons à reprendre que les lèvres entr'ouvertes, dont l'expression railleuse fatigue le regard.

Le *Printemps* de madame Bertaux, traduit en marbre, a perdu de sa légèreté. Les ailes de papillon qui servent d'attribut à son allégorie appesantissent outre mesure cette tête d'adolescent.

L'un des meilleurs ouvrages qui soient sortis d'une main de femme, c'est le *Portrait de madame la comtesse de Castries*, par mademoiselle Jeanne de Beaumont. La finesse des joues, la distinction des lèvres, la bonté du regard, sont les traits principaux qui frappent l'observateur devant ce buste. La pose en est simple. L'âge du modèle est en harmonie avec la coiffure. Ici, nul accessoire qui rompe l'équilibre d'un visage apaisé. C'est une œuvre de haut style. Elle a pour pendant au Salon le buste que madame Bureau appelle : *Quinze ans!* C'est un ravissant portrait dont il faut louer la pose, le caractère, l'idéalité. Personne n'a mieux rendu que madame Bureau la grâce inconsciente et chaste de la jeune fille qui s'en va par les prés, un liseron sur l'épaule et les cheveux défaits. Auprès de ce beau travail, le même artiste expose un portrait magistral du *Général Rose,* qui donne la mesure d'une grande variété d'aptitudes dans la même main. Ici, tout est ferme, accentué, impératif.

# IX

## CONCLUSION

Plus d'un lecteur trouvera peut-être minutieuse l'analyse que nous publions.

Non content d'y relever les œuvres de mérite, afin d'en signaler la valeur, nous n'hésitons pas à montrer le péril auquel s'exposent nos statuaires lorsqu'ils ont produit quelque ouvrage défectueux.

Exposer, être admis au Salon, n'est-ce pas le vœu suprême d'un grand nombre d'artistes? Et lorsque le jury d'admission s'est montré favorable, combien qui se croient à l'abri de toute critique!

Là est l'erreur.

Si sévère que soit un jury, la loi d'après laquelle il se prononce est essentiellement limitée. Il n'a pas à envisager une œuvre sous ses nombreux aspects avant de l'admettre. Du reste, les *exempts* ne sont-ils pas souvent en nombre égal aux *admis?*

Il nous semble donc rationnel d'oublier devant une œuvre exposée en vertu de quel principe cette œuvre a franchi le seuil du Salon.

Nous la jugeons aussi librement que si elle s'offrait à nous dans l'atelier de son auteur.

D'autre part, le public dédaigne la sculpture.

Nous nous appliquons à vaincre cet éloignement instinctif de la foule.

Mais ne faut-il parler qu'à des auditeurs défiants et

rebelles? N'est-il pas plus juste de prendre place sur
la limite des deux camps?

Tel a été notre dessein.

Si modeste, si oublié que soit notre rôle, nous essayons
d'être également compris du public et des artistes.

A celui-là nous montrons du doigt les belles œuvres.
A ceux-ci nous disons les fautes de l'esprit ou de la main.
Puis, quand la colonne suspend sa marche, — après la
clôture du Salon, — sur le point de recueillir nos ra-
pides bulletins, nous nous asseyons volontiers au même
feu que nos statuaires, et là, prêtant l'oreille, nous
restons parfois de longues heures à nous pénétrer des
lois de l'art plastique.

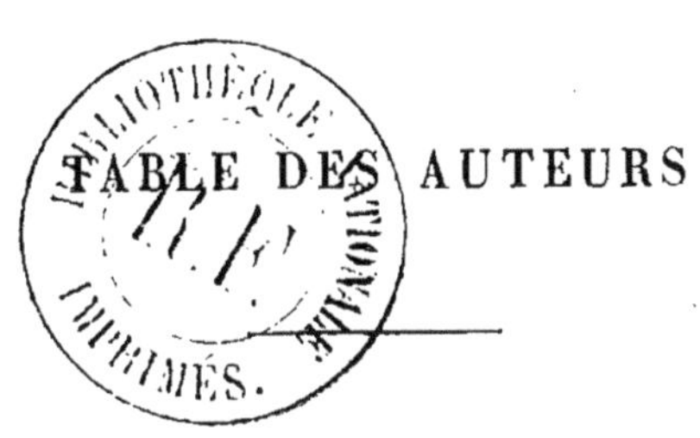

# TABLE DES AUTEURS


ALLOUARD. — *Ponticus.* . . . . . . . . . . . . . . . . . . . 32
BARRÉ. — *Le Réve d'Armide.* . . . . . . . . . . . . . . . . . 52
BARTHOLDI. — *Champollion.* . . . . . . . . . . . . . . . . . 40
BAUJAULT. — *Le Jeune Gaulois.* . . . . . . . . . . . . . . . 50
BEAUMONT (mademoiselle Jeanne DE). — *Portrait de madame la
   comtesse de Castries.* . . . . . . . . . . . . . . . . . . . 61
BERTAUX (madame). — *Le Printemps.* . . . . . . . . . . . . . 61
BERTHIER. — *Réveuse.* . . . . . . . . . . . . . . . . . . . . 44
BLANCO. — *La Sauvage charitable.* . . . . . . . . . . . . . . 44
BOGINO. — *Jeune Homme portant une amphore.* . . . . . . . . 40
BOISSEAU. — *Portrait de madame Oudot.* . . . . . . . . . . . 57
BOURGEOIS. — *La Religion.* . . . . . . . . . . . . . . . . . 34
BUREAU (madame). — *Quinze ans!* . . . . . . . . . . . . . . 61
   — *Le Général Rose.* . . . . . . . . . . . . . . . . . . . 61
CABUCHET. — *Le Génie de l'Art.* . . . . . . . . . . . . . . . 31
CAÏN. — *Lions se disputant un sanglier.* . . . . . . . . . . . 33
CAPTIER. — *Hébé.* . . . . . . . . . . . . . . . . . . . . . . 30
   — *Fantaisie.* . . . . . . . . . . . . . . . . . . . . . . . 31
CARPEAUX. — *M. Chérier.* . . . . . . . . . . . . . . . . . . 58
CHAPU. — *La Jeunesse.* . . . . . . . . . . . . . . . . . . . 42
CLAUDET (Max). — *L'Épée de la France.* . . . . . . . . . . . 34
CORDIER. — *Christophe Colomb.* . . . . . . . . . . . . . . . 41
CORDONNIER. — *Le Réveil.* . . . . . . . . . . . . . . . . . . 34
CRAUK. — *M. Gilbert.* . . . . . . . . . . . . . . . . . . . . 57
   — *Le Général Changarnier.* . . . . . . . . . . . . . . . . 57
CUGNOT. — *Le Corybante.* . . . . . . . . . . . . . . . . . . 46
DAMÉ. — *Céphale et Procris.* . . . . . . . . . . . . . . . . . 45
DAVID D'ANGERS (Robert). — *Jeune Fille.* . . . . . . . . . . 56
DEGEORGE. — *La Jeunesse d'Aristote.* . . . . . . . . . . . . 52
DELAPLANCHE. — *Monument élevé à la mémoire de Mgr Affreingue
   à Notre-Dame de Boulogne-sur-Mer.* . . . . . . . . . . . . 47
   — *L'Éducation maternelle.* . . . . . . . . . . . . . . . . 47
DELHOMME. — *Démocrite.* . . . . . . . . . . . . . . . . . . 52
DEL SARTE (mademoiselle). — *Portrait de Miss L. E.* . . . . . 61
   — *Portrait de Miss M. O.* . . . . . . . . . . . . . . . . . 61

Destréez. — *Un Prisonnier.* . . . . . . . . . . . . . . . . . . . . 35
Dubois (Paul). — *Portrait d'un Enfant.* . . . . . . . . . . . . 57
— *Portrait de M. Henner.* . . . . . . . . . . . . . . . . . . . 57
Dubray (mademoiselle). — *Didon, reine de Carthage.* . . . . . 60
Épinay (d'). — *L'Enfant spartiate.* . . . . . . . . . . . . . . . 45
— *Portrait de mademoiselle M. M.* . . . . . . . . . . . . . . 58
Etex. — *Alexandre Dumas père.* . . . . . . . . . . . . . . . . 57
Falguière. — *La Suisse accueillant l'armée française.* . . . . . 53
Flachéron. — *Le Miroir naturel.* . . . . . . . . . . . . . . . 33
Fraikin. — *Une Mère.* . . . . . . . . . . . . . . . . . . . . . 44
Fremiet. — *Jeanne d'Arc.* . . . . . . . . . . . . . . . . . . . 41
— *Un Homme de l'âge de pierre.* . . . . . . . . . . . . . . . 45
Gauthier. — *Andromède.* . . . . . . . . . . . . . . . . . . . 52
Geoffroy. — *Mil huit cent soixante et onze.* . . . . . . . . . , 35
Guillaume. — *Un Terme.* . . . . . . . . . . . . . . . . . . . 53
— *Mgr Darboy.* . . . . . . . . . . . . . . . . . . . . . . . . 56
Guilbert. — *Le Petit Justicier.* . . . . . . . . . . . . . . . . 45
Guillemin. — *Jeune Japonais.* . . . . . . . . . . . . . . . . . 57
— *Jeune Japonaise.* . . . . . . . . . . . . . . . . . . . . . . 57
Grégoire. — *Léandre.* . . . . . . . . . . . . . . . . . . . . . 45
Hébert. — *M. Melchissédech.* . . . . . . . . . . . . . . . . . 58
Hégel. — *Madame M. N.* . . . . . . . . . . . . . . . . . . . 56
— *M. Lebouc.* . . . . . . . . . . . . . . . . . . . . . . . . . 56
Hercule. — *Daphnis* . . . . . . . . . . . . . . . . . . . . . . 33
Iselin. — *Le Général de Lamoricière.* . . . . . . . . . . . . . 56
Jacquemart. — *Mahomed-Bey-Lazzogloer.* . . . . . . . . . . . 41
Jannin. — *David.* . . . . . . . . . . . . . . . . . . . . . . . . 45
Jullien. — *L'Enfant prodigue.* . . . . . . . . . . . . . . . . . 44
Laforesterie. — *La Rêverie.* . . . . . . . . . . . . . . . . . . 37
Lafrance. — *Portrait de M. P. P.* . . . . . . . . . . . . . . . . 57
Latry (mademoiselle Anna). — *Mademoiselle V. Angelo.* . . . . 60
Laurent-Daragon. — *Mademoiselle G. Olivier.* . . . . . . . . 58
Le Cointe. — *L'Esclave* . . . . . . . . . . . . . . . . . . . . 44
Lefeuvre (Albert). — *Jeanne d'Arc.* . . . . . . . . . . . . . . 41
Leharivel-Durocher. — *Le Capitaine A. du C.* . . . . . . . . 32
Lequien. — *Le Marquis de Chasseloup-Laubat.* . . . . . . . . 40
Loison. — *Mademoiselle S. L. A.* . . . . . . . . . . . . . . . 58
— *Portrait de madame B.* . . . . . . . . . . . . . . . . . . . 58
Louis-Noel. — *Suger.* . . . . . . . . . . . . . . . . . . . . . 40
Maindron. — *L'Avenir.* . . . . . . . . . . . . . . . . . . . . 35
Marcello. — *Redemptor mundi.* . . . . . . . . . . . . . . . . 60
— *Phœbé.* . . . . . . . . . . . . . . . . . . . . . . . . . . . 60
— *La Belle Romaine.* . . . . . . . . . . . . . . . . . . . . . 60
Martin (Félix). — *Louis XI à Péronne.* . . . . . . . . . . . . 35
— *La Mort de Cléopâtre.* . . . . . . . . . . . . . . . . . . . 36
— *Un Saltimbanque.* . . . . . . . . . . . . . . . . . . . . . 36
Mercié. — *Le Loup, la Mère et l'Enfant.* . . . . . . . . . . . 54
— *Gloria victis.* . . . . . . . . . . . . . . . . . . . . . . . . 54

MICHEL (Gustave). — *Hébé et l'aigle de Jupiter*. . . . . . . . .  49
MONTAGNY. — *Christ en croix* . . . . . . . . . . . . . . . . .  32
MORBLANT. — *Elle attend*. . . . . . . . . . . . . . . . . . . ..  44
MOREAU-VAUTHIER. — *Néréide*. . . . . . . . . . . . . . . .  33
MORICE. — *Hylas*. . . . . . . . . . . . . . . . . . . . . . . .  50
MOULIN. — *Un Secret d'en haut*. . . . . . . . . . . . . . .  39
NAYEL. — *Bodelio*. . . . . . . . . . . . . . . . . . . . . . .  57
NOEL. — *Rétiaire*. . . . . . . . . . . . . . . . . . . . . . .  50
    — *Roméo et Juliette*. . . . . . . . . . . . . . . . . . .  50
OLIVA. — *Sainte Thérèse*. . . . . . . . . . . . . . . . . . .  56
PALLEZ. — *Ganymède*. . . . . . . . . . . . . . . . . . . . .  34
PERRAUD. — *Le Jour*. . . . . . . . . . . . . . . . . . . . .  53
PRÉAULT. — *Jacques Cœur*. . . . . . . . . . . . . . . . . .  44
PULL. — *La Céramique*. . . . . . . . . . . . . . . . . . . .  33
ROBERT (Élias). — *Projet de couronnement de l'arc de l'Étoile*. .  47
ROUBAUD. — *Joueur de triangle*. . . . . . . . . . . . . . .  40
RUBEMPRÉ (mademoiselle DE).—*Portrait de mademoiselle Henriette*.  60
SAINT-PRIEST (madame DE). — *Portrait de madame B*. . . . . .  60
SAINT-VIDAL (DE). — *Beethoven*. . . . . . . . . . . . . . .  57
SCHOENEWERK. — *Jeune Fille à la fontaine*. . . . . . . . . . .  50
THABARD. — *Le Charmeur*. . . . . . . . . . . . . . . . . . .  52
THOMAS. — *Christ en croix*. . . . . . . . . . . . . . . . . .  32
TOURNOIS. — *Persée*. . . . . . . . . . . . . . . . . . . . .  45
TRUFFOT. — *Lamartine* . . . . . . . . . . . . . . . . . . .  44
VASSELOT (MARQUET DE). — *Honneur à nos morts*. . . . . . . .  58
    — *Mademoiselle M. R*. . . . . . . . . . . . . . . . . . .  35
VAURÉAL (DE). — *La Prière*. . . . . . . . . . . . . . . . . .  49
VERCY (DE). — *Dieu fait bien ce qu'il fait*. . . . . . . . . . .  54
VIDAL. — *Grand Lion du Sénégal*. . . . . . . . . . . . . . . .  33
VIGNE (DE). — *Domenica*. . . . . . . . . . . . . . . . . . .  49